Paixões Aprisionadas

Histórias de amor vivenciadas por mulheres no cárcere

Editora Appris Ltda.
1.ª Edição - Copyright© 2021 dos autores
Direitos de Edição Reservados à Editora Appris Ltda.

Nenhuma parte desta obra poderá ser utilizada indevidamente, sem estar de acordo com a Lei nº 9.610/98. Se incorreções forem encontradas, serão de exclusiva responsabilidade de seus organizadores. Foi realizado o Depósito Legal na Fundação Biblioteca Nacional, de acordo com as Leis nos 10.994, de 14/12/2004, e 12.192, de 14/01/2010.

Catalogação na Fonte
Elaborado por: Josefina A. S. Guedes
Bibliotecária CRB 9/870

F475p
2021
	Figueiredo, Ana Cristina Costa
	    Paixões aprisionadas: histórias de amor vivenciadas por mulheres no cárcere / Ana Cristina Costa Figueiredo. - 1. ed. - Curitiba: Appris, 2021.
	    189 p. ; 23 cm.
	
	    Inclui bibliografia.
	    ISBN 978-65-250-0043-5
	
	    1. Prisioneiras – Narrativas pessoais. 2. Amor. 3. Emoções. I. Título. II. Série.
	
	    CDD – 365.6

Livro de acordo com a normalização técnica da ABNT

Appris *editora*

Editora e Livraria Appris Ltda.
Av. Manoel Ribas, 2265 – Mercês
Curitiba/PR – CEP: 80810-002
Tel. (41) 3156 - 4731
www.editoraappris.com.br

Printed in Brazil
Impresso no Brasil

Ana Cristina Costa Figueiredo

Paixões Aprisionadas
Histórias de amor vivenciadas por mulheres no cárcere

FICHA TÉCNICA

EDITORIAL	Augusto V. de A. Coelho
	Marli Caetano
	Sara C. de Andrade Coelho
COMITÊ EDITORIAL	Andréa Barbosa Gouveia (UFPR)
	Jacques de Lima Ferreira (UP)
	Marilda Aparecida Behrens (PUCPR)
	Ana El Achkar (UNIVERSO/RJ)
	Conrado Moreira Mendes (PUC-MG)
	Eliete Correia dos Santos (UEPB)
	Fabiano Santos (UERJ/IESP)
	Francinete Fernandes de Sousa (UEPB)
	Francisco Carlos Duarte (PUCPR)
	Francisco de Assis (Fiam-Faam, SP, Brasil)
	Juliana Reichert Assunção Tonelli (UEL)
	Maria Aparecida Barbosa (USP)
	Maria Helena Zamora (PUC-Rio)
	Maria Margarida de Andrade (Umack)
	Roque Ismael da Costa Güllich (UFFS)
	Toni Reis (UFPR)
	Valdomiro de Oliveira (UFPR)
	Valério Brusamolin (IFPR)
ASSESSORIA EDITORIAL	Evelin Louise Kolb
REVISÃO	Isabela do Vale Poncio
PRODUÇÃO EDITORIAL	Jaqueline Matta
DIAGRAMAÇÃO	Daniela Baumguertner
CAPA	Sheila Alves
COMUNICAÇÃO	Carlos Eduardo Pereira
	Débora Nazário
	Kananda Ferreira
	Karla Pipolo Olegário
LIVRARIAS E EVENTOS	Estevão Misael
GERÊNCIA DE FINANÇAS	Selma Maria Fernandes do Valle
COORDENADORA COMERCIAL	Silvana Vicente

Às mulheres encarceradas com as quais convivi e tanto aprendi. Suas histórias caracterizam-se não apenas pela busca por amor, mas também por força e superação diante da sua escassez. Inspiraram este livro, assim como minha vida.

Agradecimentos

Este livro é sobre o amor. Agradeço a todos aqueles que me ensinaram a vivê-lo em suas diferentes formas e manifestações.

Às pessoas aprisionadas às quais tive o privilégio de tocar ao mesmo tempo que fui intimamente tocada. Agradeço pela confiança em mim depositada e ensinamentos proporcionados em cada encontro, palavra, gesto e olhar.

Às mulheres encarceradas. Obrigada pelas histórias partilhadas, que me moveram intensamente e inspiraram a presente obra. Ao conhecer suas trajetórias assinaladas por violências múltiplas e diferentes privações, inclusive afetivas, foi impossível não me sensibilizar. Agradeço por cada momento que tive o privilégio de viver com vocês, despertando em mim reflexões que anseio minimamente aqui transpassar.

A todos os estimados professores que tive ao longo da minha formação acadêmica. Em especial, não poderia deixar de citar os seguintes nomes: Dr.ª Manuela Ivone da Cunha, Dr.ª Márcia Stengel, Dr.ª Maria Ignez Costa Moreira, Dr.ª Rafaela Granja, Dr. Ronny Francy Campos, Dr.ª Rosane Mantilla de Souza. Obrigada pela transmissão de conhecimento, estímulo para o estudo contínuo e dedicação à carreira acadêmica. Admiro-os profissionalmente e pelas pessoas empáticas, generosas e extraordinárias que são.

Aos queridos ex-colegas de trabalho dos estabelecimentos prisionais pelos quais passei. Agradeço por terem tornado meus dias mais leves, mesmo em locais estressantes e penosos como as prisões.

A todos aqueles que me motivaram, ajudaram a valorizar minhas potencialidades e incentivaram a escrita desta obra. Sou profundamente grata, particularmente, ao psicólogo Luiz e aos amados amigos Alexandra, Laura, Marco e Mariana.

Ao Joel, grande inspirador e impulsionador para a concretização dos meus projetos, crescimento e rompimento de barreiras.

Tenho infinita gratidão à minha família. Aos meus pais, Pedro e Ana; e, ao meu irmão, Pedro Júnior. Obrigada pelo amor a mim oferecido, refletido em cada uma das minhas ações e projetos, inclusive nesta obra.

Por fim, agradeço a Deus por colocar no meu caminho pessoas que tanto me ensinam acerca da vida, do amor e sua essência.

Como fica forte uma pessoa quando está segura de ser amada!
(Sigmund Freud)

Prefácio

Nem sempre é fácil encontrar quem observe a vida e o mundo para além do óbvio. Menos ainda, quem nos faça acompanhar a experiência de quem vive o mundo em circunstâncias tão pouco comuns e adversas. Então, qualquer comentário acerca de *Paixões aprisionadas: histórias de amor vivenciadas por mulheres no cárcere* deve começar ressaltando a sensibilidade, empatia e profissionalismo de sua autora, Ana Cristina Costa Figueiredo.

Conheci Ana Cristina em seus primeiros dias no Programa de Pós-Graduação em Psicologia Clínica da PUC-SP. Deparei-me com alguém que por um lado era extremamente jovem, curiosa e vibrante, por outro lado era estudiosa, séria e disciplinada. Intuí que poderia se tornar uma excelente pesquisadora, o que se mostrou real em sua dissertação de mestrado que tive o prazer de orientar, e se confirmou em sua tese de doutorado, defendida na PUC-MG, da qual fiz parte da banca examinadora. Mas com este livro ela foi além, mostrando-se uma excelente escritora, trazendo-nos histórias vívidas, comoventes e empaticamente narradas. Um convite à reflexão.

Quando lemos sobre prisões, o mais comum é depararmo-nos com o complexo sistema social subjacente, as violências, superlotação, perdas, cerceamento de liberdade e precárias condições de vida antes, durante e depois do encarceramento. Mas *Paixões aprisionadas* trata de amor e mais, de mulheres apaixonadas.

Segundo dados do relatório lançado em dezembro de 2019 pelo Departamento Penitenciário Nacional (INFOPEN, 2019), havia 36.929 mulheres encarceradas em nosso país. O mesmo relatório indica como essas mulheres, em geral, compartilham perfil semelhante: baixo nível de escolaridade, provenientes e se mantendo entre os extratos sociais mais economicamente desfavorecidos, jovens, com filhos e esteio de família.

Somente 3,79% da população carcerária encontra-se em estabelecimentos prisionais femininos e 12,61% em mistos (INFOPEN, 2019). Diferentemente dos homens aprisionados, elas recebem menos visitas e apoio de cônjuges ou companheiros e não é incomum serem por eles abandonadas. O sistema prisional mantém a desigualdade de gênero subjacente ao sistema social como um todo, de modo a perpetrar um funcionamento que desconsidera as necessidades específicas femininas tanto no sentido material (como absorventes), físico (gravidez), familiares (visita pais e de filhos), bem como afetivo-sexuais com namorados e maridos encarcerados ou não.

Recomendo a leitura deste livro a todos, porque ele trata de afetos, relacionamentos e não ditos entre os muitos que envolvem o feminino. Ele dá voz às mulheres com quem Ana Cristina trabalhou como psicóloga, em presídios mistos, no período de 2014 a 2017. A intensidade da experiência a motivou a analisá-la mais profundamente em seu doutorado e agora vem a compartilhar conosco narrativas cuidadosamente reconstruídas a partir dos relatos das mulheres encarceradas de modo a garantir sua privacidade e impessoalidade, mas tratando com intensidade seus amores e suas dores, suas derrotas e superações, suas lágrimas e sorrisos.

Somos seres vinculares, isto é, tendemos a formar e manter laços duráveis com outros indivíduos que são importantes *per se*, não podendo ser trocados por nenhum outro. É possível ler nas entrelinhas do texto, e nas recomendações em notas de rodapé, o alinhamento da autora à Teoria de Apego inicialmente organizada por John Bowlby (1907-1990), que a definiu como "um modo de conceituar a propensão dos seres humanos a estabelecerem fortes vínculos afetivos com alguns outros e de explicar as múltiplas formas de consternação emocional e perturbação da personalidade, incluindo ansiedade, raiva, depressão e desligamento emocional, a que a separação e perda involuntária dão origem" (BOWLBY, 1979/1997, p. 168).

Os relatos que Ana Cristina construiu cuidadosamente no formato de conversações entre ela e as mulheres aprisionadas com quem trabalhou, demonstram-nos cada um dos termos da definição da Teoria do Apego, permitindo-nos visualizar como se relacionar é uma necessidade humana primária que nos acompanha do "berço à sepultura".

A formação, manutenção e rompimento dos relacionamentos românticos têm sido particularmente explorados pelos novos teóricos do apego. O vínculo entre parceiros amorosos é função do mesmo sistema motivacional que permite a segurança ou insegurança da criança em relação aos pais. Mas o apego e o relacionamento infantil com os pais são hierárquicos e os componentes do apego (proximidade, porto seguro e base segura) transferem-se ao longo do tempo para os parceiros românticos com os quais o relacionamento seria recíproco. Cada um pode buscar o cuidado do outro em algumas ocasiões, e cada um pode dispensar cuidados ao parceiro, em outras. Mas o que ocorre quando a troca é dificultada pelo encarceramento?

Este livro não teoriza as vicissitudes dos relacionamentos amorosos. Ele nos mostra como isso ocorre. Traz mulheres que, como todos nós, querem amar e ser amadas. Relata com veracidade suas difíceis histórias de cuidados insuficientes e de violência ao longo da infância, adolescência e relacionamento conjugal, e como buscam parceiros nos quais possam encontrar segurança, cuidado e proteção, troca afetiva e satisfação sexual. Gente como a gente. São românticas e fantasiam o parceiro e o encontro, sofrem com sua ausência, aspiram ao reencontro e, lamentam o rompimento.

O livro contempla 39 relatos, além de uma apresentação redigida pela autora para orientar o leitor e um epílogo. Brinda-nos com histórias únicas elaboradas de modo a ressaltar a experiência mais do que o sistema prisional, embora nos conduza a conhecer as regras do mundo do crime e da prisão, as permissões, orientações e proteções. Relata relacionamentos mantidos com parceiros anteriores e iniciados na prisão, relações hétero e homoafetivas.

A rapidez da formação dos vínculos e suas particularidades decorrentes do aprisionamento surgem em capítulos cujos títulos por si só estimulam a curiosidade, como: "O que acontece na cadeia, fica na cadeia!", "Agradeço por carregar em meu ventre a multiplicação desse amor!", ou "Esse motim só serviu para atrapalhar nosso contato com nossos homens!".

Como as possibilidades de visitas íntimas são mais incomuns quando se trata de mulheres, aprendemos como, no cotidiano prisional, alguns casais arriscam-se buscando um momento de intimidade mesmo que este possa resultar em punição: *"O pouco tempo que eu passava nos braços dele fazia com que todo o esforço valesse a pena"*. As histórias mostram como as pessoas utilizam estratégias comuns e incomuns de manter o relacionamento, como a troca de olhares, as cartas, o beijo roubado no pátio, o encontro no banheiro.

O leitor também se deparará com as loucuras e dores do amor encontradas em qualquer esquina de nossa existência: "Ele é minha doença, mas também é minha cura!", "O amor enlouquece!", "Ele é meu amor para toda a vida", "Meu corpo está aqui preso, mas minha alma é dele!". Conduz ainda ao sofrimento usual de quando se é abandonada: "Quando eu soube, fiquei arrasada, inconformada! Não podia ser verdade! Eu fiz tudo por ele! Como ele pôde ter coragem? Ele parecia tão apaixonado também. É por isso que eu não consigo entender! Estou inconformada".

Anteriormente afirmei que conheci uma Ana Cristina jovem e vivaz. Ela ainda é muito jovem e vivaz, o que me faz divisar que estamos assistindo só ao começo. Mas este trabalho mostra-nos de maneira indubitável seu amadurecimento profissional. Entre seus múltiplos méritos ela consegue equilibrar rigor e sensibilidade, o que é muito difícil de obter.

Cabe a quem prefacia indicar quem se beneficiará com a leitura, neste caso de *Paixões aprisionadas: histórias de amor vivenciadas por mulheres no cárcere*. Texto sensível e emocionante, ele nos leva a compartilhar a intimidade de mulheres, suas idas e vindas amorosas, seus pesares e seus júbilos. Mais além do público não técnico ao que a autora o destinou, considero que este livro marcará presença como leitura obrigatória a quem atua no sistema prisional e, para além deles, a legisladores, educadores e estudantes de Ciências Humanas. Só tenho a comemorá-lo, recomendá-lo e me orgulhar por fazer parte da história de sua autora.

Prof.ª Dr.ª Rosane Mantilla de Souza
Professora titular do Programa de Estudos Pós-Graduados em Psicologia Clínica
Pontifícia Universidade Católica de São Paulo
São Paulo, 2020

REFERÊNCIAS

BRASIL. Departamento Penitenciário Nacional. **Levantamento Nacional de Informações Penitenciárias – Infopen – dezembro de 2019.** Brasília: Ministério da Justiça, 2019. Disponível em: http://depen.gov.br/DEPEN/depen/sisdepen/infopen. Acesso em: 13 jul. 2020.

BOWLBY, John. **Formação e rompimento dos laços afetivos.** 3. ed. São Paulo: Martins Fontes, 1997.

Apresentação

Meu trabalho como psicóloga no contexto prisional decorreu de 2014 a 2017, um período relativamente curto, mas intenso e marcante, no qual tive o privilégio de escutar atentamente histórias de vida extremamente ricas, repletas de dificuldades e superações. As narrativas das mulheres encarceradas, sobretudo, impactaram-me intensamente. Elas partilharam comigo suas dores, angústias e sofrimentos; dividiram seus pensamentos, sentimentos, lágrimas e, algumas vezes, seus sorrisos.

Com trajetórias singulares, abordavam frequentemente o mesmo tema nos atendimentos psicológicos grupais e individuais: o amor[1]. Aspiravam amar e serem amadas. Muitas suspiravam e fantasiavam uma nova vida em liberdade ao lado do(a) parceiro(a), esperando pelo reencontro sem conseguirem aliviar a dor da ausência. Quando o casal estava no mesmo estabelecimento prisional, elas não mediam esforços para trocar um olhar, uma carta, um beijo; tentavam ultrapassar as barreiras institucionais a qualquer custo. O comum abandono após a reclusão gerava tanto demonstrações intensas de sofrimento quanto a negação da dor.

Diante disso, decidi investigar acerca dos relacionamentos afetivo-sexuais de mulheres aprisionadas e busquei compreendê-los por meio da minha pesquisa de doutorado, que gerou o livro *Amor entre as grades: relacionamentos afetivo-sexuais de mulheres em presídios mistos*, publicado pela Editora Appris em 2020.

Já na presente obra, retrato diversos episódios vivenciados pelas mulheres encarceradas que acompanhei, ligados à paixão, ao desejo, ao erotismo e ao amor. Estes não refletem fielmente fatos concretos, mas são uma reconstituição fictícia a partir de lembranças das experiências e encontros reais que vivenciei no cárcere. Ainda que inspirados

---

[1] Não foi à toa que escolhi como referencial teórico para a compreensão desta temática a Teoria do Apego, de John Bowlby, segundo a qual temos uma propensão ao desenvolvimento de vínculos afetivos desde a infância, o que perdura ao longo da vida adulta. Conforme demonstrou Bowlby (1969), o amor dos nossos cuidadores é essencial à vida, pois é a partir dele que temos acesso ao alimento, abrigo, carinho e cuidados indispensáveis à sobrevivência. Por meio dele, segurança e confiança são proporcionadas; em contrapartida, sua escassez pode trazer implicações para o indivíduo e seus relacionamentos.

na realidade, são atravessados pelas minhas interpretações, descritos livremente a partir de uma linguagem atrativa, deturpando os fatos autênticos. Pretendo ficticiamente transpassar aquilo que vivi, observei e senti ao estar com essas mulheres.

Diversas manobras foram realizadas para mascarar dados e detalhes que pudessem levar a uma possível identificação das personagens, mantendo-se os cuidados éticos. Assim, os nomes são fictícios, informações foram ocultadas e algumas histórias de amor não correspondem às personagens descritas. Para facilitar a fluidez da leitura, as gírias prisionais foram evitadas e os diálogos foram escritos com um vocabulário de fácil compreensão para aqueles que jamais tiveram contato com o ambiente prisional.

Talvez uma das peculiaridades desta obra seja o seu cenário, pois as histórias se passam em dois estabelecimentos prisionais mistos[2], ao contrário da maioria dos livros alusivos ao cárcere, que se referem às penitenciárias exclusivamente masculinas ou femininas. Os presídios mistos supracitados estavam comumente superlotados – assim como a maioria das unidades prisionais brasileiras –, abrigando cerca de 250 homens e apenas 20 mulheres, em média. Localizam-se em cidades interioranas e regiam-se pelas normas estatais e do Primeiro Comando da Capital – PCC, a facção criminosa que os dominava, segundo uma lógica de liderança dos homens sobre as mulheres. Um deles, particularmente, possuía uma estrutura extremamente precária, o que possibilitava contatos e situações raras em instituições tão fechadas e marcadas pela vigilância como as prisionais. O leitor deve ter em mente que as cenas descritas aqui são atípicas.

Procurei desenvolver narrativas envolventes e cativantes; ao mesmo tempo, os apontamentos apresentados ao longo dos episódios – geralmente mencionados nas notas de rodapé – não foram escritos de forma tão livre e, menos ainda, baseados em senso comum; pelo contrário, foram fundamentados cientificamente. Afinal, o tema deste livro inevitavelmente suscita importantes questionamentos, aos quais busquei expor aproveitando meu conhecimento enquanto pesquisadora

---

[2] Estes comportam tanto homens quanto mulheres em seu interior. Mesmo que frequentemente esquecidas, no Brasil, muitas mulheres permanecem nesses estabelecimentos, que não estão preparados para atender às suas necessidades específicas. Segundo os dados do Infopen (2019), a maioria das unidades penais destina-se exclusivamente aos homens (83,6%), apenas 3,79% são penitenciárias femininas e 12,61% são caracterizadas como mistas.

dos relacionamentos afetivo-sexuais e do sistema prisional. Anseio que reflexões sejam provocadas não apenas sobre o que acontece aquém dos muros prisionais, mas também a respeito da sociedade, do modo como vivemos, das normativas que nos conduzem, ditando padrões e pensamentos que talvez possam ser desconstruídos.

Ainda que esta obra permeie a realidade criminal e as personagens apresentem singularidade, é possível nos identificarmos com muitos aspectos de suas vidas, o que pode fazer da leitura um processo autorreflexivo. Espero que ao mergulhar em cada episódio e subjetividade possamos submergir profundamente para dentro de nós mesmos. Desejo a todos uma leitura magnífica e imersiva!

A autora

Lista de Siglas

Depen-MG   Departamento Penitenciário de Minas Gerais
PCC   Primeiro Comando da Capital
ReNP   Regulamentos e Normas de Procedimento do Sistema Prisional de Minas Gerais

SUMÁRIO

"O que acontece na cadeia, fica na cadeia!" 23

"O que eu quero é desfilar minha beleza na biqueira!" 29

"Eu gosto mesmo é de sentir adrenalina!" 33

"Meu corpo está aqui preso, mas minha alma é dele!" 39

"Ele faz tudo por mim, mas não consegue me agradar!" 45

"Um dia, a senhora vai entender!" 49

"Ingrata!" 53

"Agradeço por carregar em meu ventre a multiplicação desse amor!" 57

"Vou ser a mãe que sempre quis ter!" 65

"A senhora não faz ideia de como é saber que essa criança está bem!" 69

"Faço qualquer coisa por esse homem!" 71

"Ele é minha doença, mas também é minha cura!" 75

"Eu sei que chorar é coisa de mulher, mas não estou aguentando não!" 77

"Isso foi um cisco que caiu nos meus olhos!" 83

"Antes a mãe dele chorar do que a minha!" 89

"Eles não têm ideia do que é a abstinência de amor!" 91

"Fui duplamente trancada!" 95

"O senhor ainda vai me ter" 99

"Sexo incrível ou cumplicidade?" 101

"171 é o Joaquim!" 105

"E se for para a gente ficar junto?" 107

"Ele ainda vai me amar!" 111

"Nunca me senti tão livre" 115

"Um peixe em seu aquário!" 119

"Eu vi! Eu vi!" 123

"Como uma rainha pode estar mal?" 125

"Sinto um vazio que não tem como preencher!" 129

"O amor enlouquece!" 133

"Quero morrer!" 137

"As coisas mudam, né?" 141

"A vida do crime é assim!" 143

"É a fantasia que me dá força aqui!" 147

"É mais vantagem arrumar mulher lá de fora!" 149

"Minha loira, minha morena!" 153

"Eu tenho é muita sorte!" 157

"Ele é meu amor para toda a vida" 161

"Vamos ficar trancadas mesmo!" 167

"Esse motim só serviu para atrapalhar o contato com nossos homens!" 171

"Vocês podem prender meu corpo, mas não a minha alma!" 175

Epílogo 179

Referências 183

"O que acontece na cadeia, fica na cadeia!"

— Ai, senhora Ana, estou até com as pernas bambas! Estou parecendo boba! Preciso te contar o que aconteceu — disse-me Mara, com a respiração ofegante, quando foi limpar a sala da equipe psicossocial.

Embora o pequeno espaço fosse dividido por cinco profissionais, naquele momento, eu estava sozinha.

Mara estava presa há três anos. Foi condenada por tráfico de drogas, embora nunca tenha se inserido nessa atividade efetivamente. Quem traficou foi Jorge, seu marido, com o qual foi aprisionada. Eles estavam juntos há oito anos, mas nunca haviam se casado legalmente.

No mundo do crime, geralmente as pessoas não chegam a se casar, mas o casal que mantém um relacionamento há cerca de um mês já é considerado marido e mulher, o que implica uma série de regras a serem seguidas, especialmente pela mulher, sobre a qual se presume posse por parte do marido.

Embora tenham sido presos juntos, Jorge logo foi transferido para outra unidade prisional, o que comumente acontece, acarretando a distância entre companheiros e outros familiares que poderiam ser uma fonte de apoio fulcral durante essa difícil trajetória. Mara ficou sem o parceiro, mas teve o privilégio de permanecer em sua cidade, podendo receber a visita de familiares e dos seus três filhos, sendo os dois últimos frutos do relacionamento com o atual marido. Em muitos casos, as mulheres são transferidas para estabelecimentos prisionais femininos extremamente distantes da cidade de origem, o que dificulta a realização de visitas e implica total solidão durante essa jornada.

Desde que foi presa, corresponde-se por meio de cartas com Jorge. As cartas de amor que envia são extremamente românticas. Além das juras de amor, sempre vão acompanhadas da marca de seu batom e essência de seu perfume, buscando levar sua presença para pertinho do companheiro. As cartas recebidas também são caracterizadas por romantismo, pedidos de perdão por ser o responsável por aquela situação e promessas de um futuro promissor. O marido garante que a vida familiar será diferente quando forem libertos, que terá um emprego e poderá proporcionar uma vida tranquila a Mara e os filhos. Às vezes, também trocam cartas com conteúdo erótico; afinal, três anos sem sexo não é fácil para o casal.

— Ah, senhora Ana! Eu escrevo que estou pensando na gente se beijando, se abraçando. Escrevo que estou com saudades de sentir o corpo dele no meu, o toque dele em meu corpo... Que quando sairmos desse lugar vou fazer tudo o que ele quiser, realizar cada um dos seus desejos.

Mara sente-se culpada porque tinha conhecimento das atividades ilícitas de Jorge, mas jamais havia tomado nenhuma atitude para impedi-las. Além da dor por ter sido privada da própria liberdade e impossibilitada de conviver diariamente com os filhos, inicialmente, não conseguia entender o motivo de ser separada do companheiro.

— Não acho isso justo e não vejo motivo nenhum para isso! A gente tem que ficar preso e eu entendo, mas não compreendo o porquê deles separarem marido e mulher desse jeito[3]. O que eles ganham com isso? — perguntava-se.

São muitos os motivos para sentir tristeza e medo em uma prisão. No caso de Mara, além dos problemas pessoais e familiares que carregou para dentro dos muros prisionais, passou a enfrentar conflitos no relacionamento interpessoal com as demais reclusas. Depois de ter acordado com uma gilete próxima ao seu rosto e a ameaça de ser cortada, estava completamente apavorada.

— Você é loira, bonita! Não teve contato com esse mundo, não conhece a maldade daqui. Por isso, acaba sendo visada. Mas pode deixar que eu vou te proteger! — Disse-lhe Mônica, sua amiga.

Na prisão, ter aliados pode ajudar a aumentar a força, o poder. Com isso, fica mais fácil lidar com as dificuldades que surgem em todo o momento. Mônica ensinou como Mara deveria se portar. Tornou-se sua cúmplice nas disputas, defensora e porto seguro.

Viviam em uma cela com mais de 20 mulheres, a única feminina do presídio. Como não havia cama para todas, dividiam a mesma.

---

[3] Apesar das dificuldades enfrentadas pelas mulheres ao permanecerem em presídios mistos, voltados para os homens, a permanência do casal no mesmo estabelecimento prisional pode auxiliar na capacidade de resistência durante a reclusão (COLARES; CHIES, 2010).

Quando Mara sentia-se triste, Mônica consolava-a. Ela era extremamente carinhosa e prestava todo o apoio possível. Na tentativa de redução da tensão, às vezes, uma fazia massagem na outra. Os abraços procuravam trazer conforto em meio à hostilidade vigente.

Em uma noite fria a chuvosa, os carinhos ficaram mais intensos. Os beijos e toques foram direcionados a todo o corpo. Mônica já havia tido experiência sexual com outras mulheres; para Mara, foi a primeira vez.

— Eu não sei explicar. Acho que me apaixonei pelo jeito dela. Ela é tão carinhosa, atenciosa e me entende completamente. Mas é muito estranho porque eu nunca pensei em viver algo assim antes, eu sempre gostei de homem. Se meu marido descobrir, ele me mata! Ninguém pode saber nunca — confidenciou-me ainda assustada e surpresa consigo mesma.

Mara tentava se justificar, se explicar, como se estivesse fazendo algo muito errado. Buscava negar a dimensão sexual e focar na parte afetiva[4] do relacionamento que estava vivenciando. Talvez, dessa forma, pudesse se sentir um pouco menos culpada. Se em nossa sociedade ainda temos inúmeras dificuldades de reconhecer as necessidades sexuais das mulheres e permitir uma vida sexual livre, os empecilhos são muito maiores para aquelas inseridas em um contexto como o prisional, sobretudo nos presídios mistos. Ali, as regras são impostas pelos homens. Imperam normativas de gênero e características de uma sociedade patriarcal, com exigências como pudor, recato e fidelidade para as mulheres. Mesmo enfatizando a parte afetiva, Mara reconhecia:

— Ah, é diferente! Parece que ela sabe onde exatamente eu quero que ela me toque. Parece que lê meus pensamentos! É muito gostoso!

Tudo aconteceu de maneira sigilosa. Mesmo em uma cela sem nenhum tipo de privacidade, cobriam-se com lençóis e mantinham a descrição. Não podiam correr o risco de serem descobertas para que Jorge não tivesse conhecimento do que acontecia entre elas.

Elas mantiveram o relacionamento por três meses, até que Mônica conquistou a liberdade. Já Mara, teria que ficar um bom tempo atrás

---

[4] A dimensão afetiva costuma ser enfatizada pelas mulheres encarceradas ao falarem a respeito dos seus relacionamentos afetivo-sexuais na prisão, sejam eles hetero ou homoafetivos. A atividade sexual não é priorizada em seus discursos e condiciona-se ao vínculo afetivo entre o casal, do qual se espera atributos como carinho e companheirismo. Pode-se pensar que tais narrativas, ao atribuírem maior relevância às conexões emocionais em detrimento das sexuais, refletem prescrições sociais de gênero que exigem pudor e repressão sexual das mulheres (CUNHA, 1994; FIGUEIREDO, 2019, 2020; FRANÇA, 2014; GRANJA, 2015).

das grades. Quando Mônica foi embora, as lágrimas foram abundantes. Mara não se conformava com a perda.

— Eu me apaixonei completamente por ela! Não sei como vou viver sem ela aqui! — Exclamou Mara.

Ela chegou a pensar em assumir o relacionamento com Mônica um dia, quando saísse da prisão. Por outro lado, temia a reação dos filhos e o preconceito social.

— O que as pessoas pensariam de mim? — Perguntava-se.

Tinha medo, acima de tudo, de perder a própria vida, caso o marido soubesse.

Com o tempo, a dor da perda foi diminuindo. As cartas com promessas do marido de um futuro diferente fizeram com que voltasse a sonhar em retomar a vida ao seu lado. Imaginava uma família tradicional[5], mais valorizada socialmente.

Passou a focar em seus filhos e conseguiu um trabalho na faxina, o que a permitia circular pelas precárias instalações do presídio. O contato com os funcionários era diário. Às vezes, cruzava com João, responsável pela faxina da ala masculina. Ambos se encontravam em áreas comuns, como os corredores entre a ala masculina e a feminina, a cozinha e as salas do setor administrativo. Passaram a trocar olhares. João perdia-se ao observar Mara trabalhando e caminhando pelos corredores. A paquera trazia um pouco de vida em um ambiente mortificador como a prisão.

— Dá até uma motivação para acordar todos os dias, sair para trabalhar. Mas eu sei que ele é um safado porque é casado — comentou Mara.

Um dia, após trabalhar toda a manhã, Mara avistou um colchão que tomava sol atrás da lavanderia e resolveu descansar um pouquinho ali. Quando percebeu, João estava em cima dela.

— Ai, senhora Ana, estou até com as pernas bambas! Estou parecendo boba! Preciso te contar o que aconteceu! — disse-me eufórica.

---

[5] A família tradicional ainda é amplamente aspirada no contexto brasileiro (DAMATTA, 1987; GIDDENS, 1993), mesmo com a presença de diferentes configurações e arranjos familiares. Na prisão, mesmo quando mulheres têm experiências homoafetivas que trazem satisfação, normativas de uma família nuclear estável, tradicional e heterossexual permanecem em seus imaginários e planos futuros. Tal fato diz-nos muito a respeito da heteronormatividade e modelo de humanidade impostos socialmente, deixando à margem aqueles que não se encaixam nos padrões esperados. Ao almejarem uma vida de acordo com as normativas sociais, as mulheres aprisionadas provavelmente demonstram a necessidade de se sentirem reconhecidas (FIGUEIREDO, 2019, 2020).

Mara e João trocaram um beijo intenso. Seu desejo era tanto que o corpo ficou mole e lhe faltava ar. O tempo simplesmente parou. Ao sentir seu toque e seus lábios, por um instante, esqueceu-se de que estava presa. Sentiu-se viva, mulher.

— Fazia tanto tempo que não me sentia assim! Quando percebi que ele estava em cima de mim, assustei-me um pouco. Mas, de repente, fui me entregando àquele olhar, àquele beijo... Vi que ele estava com muito desejo e foi tão bom me sentir desejada! Estou também não estava mais conseguindo me controlar. Foi tão ardente! Mas aí a gente escutou o barulho dos agentes penitenciários vindo e eu corri para cá — confidenciou-me Mara.

Ela passou o final de semana sonhando com o reencontro. Todavia, na segunda-feira, João não saiu para trabalhar. Mara descobriu que ele havia sido encontrado com a companheira no banheiro durante a visita social que ocorre aos finais de semana.

Privados da possibilidade de visitas íntimas, que raramente são concedidas no cotidiano prisional, alguns casais se arriscam buscando um momento de intimidade no banheiro, o que pode ensejar em punição por falta grave. O castigo pode incluir a perda do direito de receber visitas, correspondências e até mesmo de exercer atividades laborais no presídio. O trabalho, que deveria ser direito, é frequentemente condicionado ao "bom" comportamento da pessoa privada de liberdade. Outros direitos acabam sendo encarados como benefícios que podem sempre ser retirados na tentativa de docilização dos corpos[6]. Nesse contexto, João perdeu seu trabalho.

— Eu não disse que ele era um safado! Homem não presta, é tudo igual! — exclamou Mara.

Foi apenas uma cena vivenciada ao seu lado, mas marcante para ela.

— Eu não sei, acho que é porque é muito tempo sem homem, né? Parece que eu nem lembrava mais o tanto que era bom! Agora não consigo tirar aquele beijo da minha cabeça. Foi o melhor beijo da minha vida! Ainda sinto a sensação do corpo dele sobre o meu.

O jeito foi lidar com a impossibilidade de revê-lo. Após algumas semanas, Mara conquistou a liberdade. Extremamente feliz, abraçou-me e se despediu.

---

[6] Para maiores informações a respeito, sugere-se a leitura de Foucault (1987), Granja (2015) e Wacquant (2002).

— Quero muito agradecer a senhora por tudo. A senhora foi um anjo que Deus colocou aqui para me ajudar.

Muitas pessoas privadas de liberdade costumavam demonstrar sua gratidão a mim. Agradeciam por coisas simples como o fato de serem olhadas nos olhos. Como geralmente são tratadas como bichos, terem a possibilidade de serem ouvidas atentamente por alguém que ali reconhecia almas humanas era gratificante.

Enquanto esteve presa, Mara dividiu comigo seus pensamentos e sentimentos. Convivemos não apenas durante os atendimentos psicológicos, mas diariamente, devido ao seu trabalho na faxina do presídio. Sinto-me privilegiada por ter feito parte de sua história e ter estabelecido uma relação de confiança em um local no qual preponderam a suspeita e o medo.

Reencontrei Mara na rua, alguns meses após sua liberação. Ela me contou que seu marido também havia sido liberto e que estavam juntos. Ela estava trabalhando como faxineira e Jorge ainda não havia conseguido emprego, mas não estava traficando drogas, pelo menos até aquele momento. Para ela, estava sendo muito difícil. Teve que abrir mão de bens materiais que ele conseguia lhe oferecer anteriormente e estava sustentando ao marido e aos três filhos sozinha. Por outro lado, estava feliz porque tinha uma família, conforme sempre sonhou.

— Estou feliz por estar com meu marido e meus filhos! Quanto ao que aconteceu enquanto eu estava presa, é o que dizem: "O que acontece na cadeia, fica na cadeia!".

"O QUE EU QUERO É DESFILAR MINHA BELEZA NA BIQUEIRA!"

— Ela vai se casar comigo! — gritou um dos homens.

— Não, ela vai casar é comigo! Já trouxe toda a documentação e sei que ela quer! — disse o outro.

— Ela não quer nada! O que ela deseja é ficar comigo! — replicou o primeiro.

No início da manhã, os dois homens brigavam por Laís na porta do presídio. Ambos queriam não apenas visitá-la, assim como pedir a mão da moça em casamento, raridade no contexto prisional.

Na maioria dos casos, as mulheres aprisionadas não recebem visitas, correspondências, produtos de higiene ou alimentares. Ao contrário dos homens aprisionados, que costumam receber o apoio das companheiras e outras mulheres da família, elas são simplesmente abandonadas e ficam ao relento durante o cumprimento da pena[7]. Em nossa sociedade, normativas de gênero prescrevem o papel de cuidadora às mulheres e abonam os homens dessa tarefa, o que é perceptível no contexto prisional.

Com Laís, a situação estava sendo bem diferente. A briga entre os homens ficou tão intensa que chamou a atenção de todos os funcionários e precisou ser separada por um agente de segurança.

— A Laís perdeu um dos olhos, é garota de programa, usuária de crack, está presa e ainda tem dois pretendentes que lutam por ela! Ainda há esperança para mim! — comentou uma das funcionárias do setor administrativo que sonhava em se casar, mas jamais havia encontrado algum homem disposto a assumir tal compromisso.

---

[7] Para maiores detalhes acerca do abandono comumente sofrido pelas mulheres encarceradas, sugere-se a leitura das obras das seguintes autoras: Figueiredo (2019, 2020), Figueiredo e Granja (2020), Granja (2015), Lemgruber (2010) e Touraut (2012).

Laís não falava muito a respeito de seus sentimentos e pensamentos durante os atendimentos psicológicos, provavelmente como forma de se proteger da dor de feridas profundas. Éramos apenas dois psicólogos em um presídio com cerca de 270 detentos e uma alta rotatividade, o que nos impedia de acompanhar cada um com a frequência devida. A forma como se desviava do estabelecimento de uma relação de confiança comigo refletia sua postura evitativa[8] na vida e se relacionava à sua trajetória, na qual poucos vínculos afetivos foram formados, talvez para evitar o sofrimento diante de um possível rompimento destes.

Sua história de vida é repleta de perdas e dificuldades. A perda de um de seus olhos aconteceu quando foi surpreendida pela dona da casa onde foi realizar um furto, que a esfaqueou. Inclusive, essa mesma mulher foi aprisionada posteriormente e elas tiveram que ficar na mesma cela, o que ocasionou conflitos infindáveis entre elas.

— Meu desejo é arrancar os dois olhos dela! Todas as vezes que eu olho no espelho, lembro-me do que ela me fez e tenho vontade de me vingar! — Dizia Laís.

Com o tempo, sua raiva foi diminuindo, mas só ficou realmente mais tranquila quando Bruna, seu desafeto, foi liberta.

A marca que tinha em seu rosto revelava danos irreparáveis que sofreu na vida. Não sabe quem são seus pais biológicos. Passou sua infância em um abrigo, mas nunca chegou a ser adotada. Ainda nesta fase da vida, passou a utilizar drogas e logo conheceu o crack. Na adolescência, permaneceu em situação de rua e, para manter o vício, tornou-se garota de programa, além de ter passado a cometer pequenos furtos.

Não tem ninguém de sua família. Seus três filhos foram encaminhados para doação imediatamente após o nascimento e ela jamais soube qualquer notícia deles.

— Sou sozinha nesse mundão — afirmava.

Nunca chegou a ter compromisso ou realização de planos futuros nos relacionamentos íntimos que mantinha, mas apenas visava compartilhar prazeres imediatos. Geralmente, utilizavam crack juntos

---

[8] As pessoas com estilo de apego evitativo geralmente apresentam dificuldades em buscar proximidade e intimidade na maioria dos seus relacionamentos (HAZAN; SHAVER, 1987; HAZAN; ZEIFMAN, 1994).

e se envolviam sexualmente. Quando contratada como garota de programa, pensava apenas em conseguir o dinheiro para o crack. Chegava, inclusive, a trocar o programa por uma pedra. Mesmo assim, costumava ser doce com seus clientes e fazia tudo o que podia para agradá-los. Nesse contexto, conheceu os dois homens que brigavam por seu amor em frente ao presídio naquela manhã.

— Não sei o que acontece, senhora Ana! Eles se apaixonam por mim! E eu nem sei o que eu faço! — dizia risonha.

O que Laís não sabia explicar era o que todas as demais mulheres encarceradas — ou não — queriam saber. Perguntavam-se:

— O que a Laís tem?

Naquela ocasião, até mesmo a visita social que acontecia aos finais de semana no pátio estava restrita aos familiares. As mulheres aprisionadas ansiavam por alguém que pudesse prestar apoio a elas, o que estava condicionado ao casamento. Entristeciam-se por não terem ninguém que levasse os produtos de higiene ou alimentares que careciam. O que o Estado fornecia era insuficiente e as desigualdades sociais reproduzidas na prisão faziam com que muitas passassem vontade ao observarem o que consumiam as poucas mulheres que recebiam algum suporte. A maioria dizia que se casaria a fim de ter suas necessidades supridas, nem que fosse com um desconhecido[9]. Era o que as rígidas exigências do sistema prisional suscitavam. Embora a visita social de amigos seja ordinariamente aceita, o casamento legal, escritura pública registrada em cartório ou sentença judicial declaratória de reconhecimento de união estável continua sendo uma requisição para a visita íntima, o que priva a maioria das pessoas aprisionadas, especialmente as mulheres, do livre exercício de sua sexualidade. Se dificilmente alguém se disponibiliza a realizar a visita social para as mulheres, menos ainda a visita íntima, que exige documentações e exames médicos a serem providenciados e pagos.

No caso de Laís, caso aceitasse alguma das propostas, poderia usufruir daquilo que todas sonhavam. Reclusa pela terceira vez, já havia cumprido pena por um furto que realmente havia cometido e por tráfico de drogas, embora nunca tenha sido traficante. Se tivesse acesso a uma grande quantidade de drogas, certamente a utilizaria,

---

[9] A realização de casamentos entre pessoas que nem se conhecem pode acontecer durante a reclusão visando ao direito à visita íntima (PAZ, 2009) ou até mesmo social (FIGUEIREDO, 2019, 2020).

ao invés de vendê-la. Dessa vez, Laís sairia do presídio em breve, pois tinha uma pequena pena a cumprir.

Com um nível de escolaridade extremamente baixo, jamais havia tido um emprego formal e carregava o estigma[10] de criminosa. Durante os cumprimentos das penas, não teve a oportunidade de estudar, realizar cursos profissionalizantes ou trabalhar, o que talvez pudesse auxiliar sua vida em liberdade. Sem a presença de familiares que pudessem ser fonte de algum suporte ou de políticas públicas para egressos do sistema prisional, sabia que voltaria exatamente para a mesma vida.

Havia chegado ao presídio extremamente magra, como geralmente ficam aqueles que usam crack abusivamente. Com o passar dos meses, ganhou peso e sabia que as gordurinhas adquiridas seriam ostentação e motivo de inveja na rua, quando conquistasse a liberdade. Após a briga histórica entre os pretendentes de Laís, perguntei se ela havia decidido se casar com algum daqueles homens. Ela disse que não e explicou:

— Senhora, eu estou linda! Olhe só como eu estou gordinha! Eu estou muito gostosa! Todo mundo vai ficar em choque quando me ver bonita assim, a senhora não acha? Não quero casar não! Eu estou quase saindo daqui. Assim que eu sair, o que eu quero é desfilar minha beleza na biqueira!

---

[10] A questão do estigma é enfatizada por Goffman (1988).

"Eu gosto mesmo é de sentir adrenalina!"

Ao contrário de Laís, que evitava a formação de vínculos afetivos, Júlia entregava-se de corpo e alma às paixões que vivenciava. Não gostava de nada raso; queria profundidade, intensidade. Era inteira em tudo o que fazia e mergulhava de cabeça nos relacionamentos íntimos[11].

— O que gosto nessa vida é de homem! Eles estragam a vida da gente, mas não consigo viver sem eles! — Disse-me com ar de assanhamento.

O frio na barriga dos encontros e desencontros, paixões avassaladoras e até mesmo o sofrimento mediante seus rompimentos moviam a vida de Júlia desde a adolescência. Para ela, era viciante sentir-se apaixonada.

Conheceu o grande amor de sua vida na cadeia. Quando o presídio ainda não era administrado pelo Departamento Penitenciário de Minas Gerais (Depen-MG), as visitas aconteciam nas celas. Um dia, ao visitar um amigo, trocou olhares com um detento e se apaixonou perdidamente. Passou a visitá-lo todas as semanas. Era a primeira a chegar e a última a sair.

— Eu chegava na noite anterior e dormia na porta do presídio. Quando me chamavam pela manhã, já sentia aquele gelo na barriga. A visita era uma delícia! Naquela época, a gente tinha privacidade na cela. A gente se cobria com um lençol e podia aproveitar! E como eu aproveitava! A senhora não faz ideia! — Contou-me risonha.

Passava a semana toda imaginando como seria a visita, pensando nos beijos e toques daquele homem pelo qual era loucamente

---

[11] Ao atender as mulheres nos presídios, notava algumas características que me permitiam inferir aspectos relacionados aos padrões de apego, o que me permitia compreender melhor cada uma delas. Tratava-se de suposições, não afirmações categóricas. No caso de Júlia, ela possivelmente apresentava o estilo de apego ansioso-ambivalente, pois percebia o amor como uma preocupação, desejava a união e a intimidade constantemente (HAZAN; SHAVER, 1987; HAZAN; ZEIFMAN, 1994).

apaixonada. Quando estava com ele, fantasiavam e idealizavam a vida que teriam em liberdade. Sonhavam em constituir uma família e planejavam ter uma filha juntos.

Júlia permaneceu realizando visitas, partilhando emoções e prestando apoio material a Afonso por três anos, até que ele saiu da cadeia. Cumpriu pena por tráfico de drogas, atividade que continuou desempenhando após a conquista da liberdade. Tiveram a filha que almejavam e uma vida repleta de romance, com direito a café na cama e outros mimos todos os dias.

— Não existe homem igual aquele não! Eu era louca por ele! — Exclamou Júlia.

No auge da paixão, Afonso foi acometido por uma doença grave e faleceu subitamente.

O sofrimento de Júlia foi intenso. Já utilizava cocaína e encontrou no crack seu refúgio. Para manter o vício, deixou a filha com a irmã e inseriu-se na prostituição. Seu objetivo com cada programa era apenas o de conseguir uma pedra o mais rápido possível. Contudo, ao contrário de outras meninas que conhecia e não tinham satisfação alguma com o trabalho, Júlia chegava a ter relações sexuais prazerosas e conheceu pessoas incríveis durante os encontros.

— Eu conheci muita gente boa. Tinha homem que ia mesmo só para conversar. E eles me ajudavam muito, compravam coisas pra mim e pra a minha filha. E quando eu pegava alguns homens experientes, eles sabiam como me fazer sentir prazer também. Por isso que eu gosto é de homem vivido, esses novinhos não estão com nada não! — Afirmou com seu senso de humor apurado e gargalhadas gostosas.

Permaneceu nessa vida por cerca de cinco anos. Fazia programa dia e noite, sem tempo para descansar:

— Na hora que eu pensava em tirar um cochilo, já chegava cliente batendo na porta. Aí, eu tinha que atender, né? Já fiquei uns 10 dias varada, sem dormir e sem comer direito. Só bebendo, usando crack e fazendo um programa atrás do outro.

Após uma gestação e um tratamento para dependência química, Júlia deixou o crack e a prostituição. Passou a cuidar de sua filha e do filho recém-nascido, de quem não sabia ser o pai. Iniciou um trabalho como cozinheira, que estava indo bem. Foi nessa ocasião que reencontrou Francisco, que era traficante. Após alguns meses, ele foi preso e pediu para que ela assumisse os negócios, o que foi acatado por ela que, em pouco tempo, também foi reclusa.

O casal permaneceu em unidades prisionais diferentes, como acontece na maioria dos casos. Incialmente correspondiam-se por meio de lindas cartas de amor, que deixaram de chegar com o tempo. Aos poucos, Júlia já não as esperava mais e foi se desligando emocionalmente de Francisco. Ela passou a trabalhar na faxina e se apaixonou perdidamente por Marco, que exercia a mesma função no presídio.

— Só de olhar para ele, eu me arrepiava todinha! No começo, a gente nem conservava, nem se tocava, mas eu já sentia que era dele. — Contou-me suspirando.

Não conseguia parar de pensar em Marco e, à noite, sonhava com ele.

— Eu acordava desesperada porque precisava estar com aquele homem! Nossa, acordava louca, sabe? Fico até com vergonha de falar isso para senhora, mas é verdade. Eu já estava subindo pelas paredes! — Relatou com risadas.

Eles nem sequer trocavam cartas porque Júlia não tinha o aval de Francisco, um documento escrito a próprio punho, liberando-a do compromisso que tinham. No mundo do crime é assim: as mulheres são propriedade do marido. Só têm liberdade a partir do recebimento do aval. Além da vigilância institucional que incide sobre os casais, cada comportamento é fiscalizado pelos demais detentos para que cumpram as regras que vigoram entre eles, o que é intensificado nos casos das mulheres que cumprem pena em presídios mistos.

— Eu queria o aval de qualquer jeito. Escrevia pedindo, implorando pelo aval, mas ele nunca respondeu — disse-me decepcionada.

Francisco foi liberto muito antes de Júlia. Enquanto ela foi condenada a mais de cinco anos de prisão, ele permaneceu encarcerado por apenas um ano devido à ausência de provas que o incriminassem. Na rua, vivia relacionando-se com mulheres, o que contavam a Júlia nas visitas, deixando-a revoltada. Sem conseguir o aval, resolveu lutar por ele. Apelou para a ajuda do líder do PCC que comandava o presídio na ocasião:

— Eu precisava corresponder com aquele homem, estava muito apaixonada! Cheguei no irmão e pedi uma providência. Expliquei para ele o que estava acontecendo e que era um absurdo eu não ter o aval enquanto ele andava com um monte de mulher por aí.

Após muita luta, conquistou o direito de se corresponder com Marco. A troca de olhares se intensificou. O amor proibido buscava brechas para manifestações de carinho em meio à vigilância institucional. Eventualmente, conseguiam um toque rápido enquanto passavam pelos corredores.

— Um dia, ele passou a mão dele na minha. Aí, no outro dia, ele passou a mão assim por dentro da minha coxa, sabe? Ai, fiquei louca, fiquei transtornada! Eu queria muito aquele homem! — Disse-me Júlia com inquietude.

Uma mudança de ala fez com que passassem a ter a visita social que acontecia no pátio no mesmo dia.

— A gente se beijou na visita! Meu Deus do céu, o que foi aquilo? Aí que eu vi que precisava mesmo ter aquele homem para mim! — Contou-me cobiçando Marco desesperadamente.

O casal fantasiava a possibilidade de um dia terem um encontro mais íntimo. Escreviam sobre isso e só falavam disso.

— Eu passava nos corredores e ficava provocando ele, sabe? Mordia meus lábios, dava umas piscadinhas. Ele também já estava louco. Era desejo demais só para dois corpos! A gente não estava mais aguentando.

Um dia, tiveram a ideia de irem ao banheiro juntos durante a visita. Ali, Júlia se entregou plenamente.

— Mesmo tendo sido rápido, foi a coisa melhor do mundo! Eu tinha que viver aquilo! Já estava ficando doente! Não parava de pensar em sentir o corpo daquele homem no meu.

O casal foi visto saindo do banheiro juntos e combinaram de negar qualquer tipo de envolvimento sexual entre eles lá dentro. Foram chamados pela direção separadamente. Marco não cumpriu sua palavra, mas Júlia chegou a jurar pelos filhos que nada havia ocorrido.

Apenas Júlia recebeu uma sanção em decorrência do que pode ser considerada falta grave no presídio: a falta de respeito com os funcionários. Ficou impossibilitada de enviar ou receber correspondências, sair para a visita ou trabalhar por um mês.

É notável a perspectiva moralizadora[12] que ainda incide sobre as mulheres aprisionadas, mas a maioria nem sequer questiona situações como essas. Por ser uma mãe de família, Júlia achava que merecia mesmo um castigo e, em momento algum, demonstrou indignação por ter sido a única a receber a sanção.

— Que tipo de mãe faz isso? Eles estão certos de me castigarem porque eu mereço! Eu jamais poderia ter jurado pelos meus filhos, ainda mais para fazer uma coisa dessas — afirmou.

Os papéis de gênero com a prescrição de que mulheres têm a obrigação de serem boas mães e de negarem seus desejos sexuais muitas vezes é internalizado sem nenhuma reflexão acerca destes, como aconteceu com Júlia.

Atualmente, o casal não trabalha mais na faxina e Marco foi transferido para outro estabelecimento prisional. Continuam trocando cartas e idealizando uma vida lá fora. Sonham ter um filho juntos, uma família tradicional.

O fato de Marco estar cumprindo pena por homicídio após ter assassinado a esposa é excitante para Júlia. Ao mesmo tempo em que se sente especial ao imaginar que isso não acontecerá com ela por ser demasiadamente amada, teme que aconteça. Pondera:

— Acho que, na verdade, eu gosto mesmo é de sentir adrenalina!

---

[12] Restrições de caráter moralizador visam controlar o comportamento sexual feminino nas prisões, buscando-se (re)instalar os papéis de boas mães e esposas, conforme as prescrições sociais de gênero (ESPINOZA, 2004; FIGUEIREDO, 2019, 2020; GRANJA, 2015).

"Meu corpo está aqui preso, mas minha alma é dele!"

Ana Clara apresentava características pouco comuns no contexto prisional. Causava impacto não apenas por sua beleza, mas por ser extremamente culta e bem cuidada, o que denunciava a realidade social da qual provinha, totalmente diferente das demais.

Ela e Felipe cruzaram-se em um bar, assim como seus olhares.

— A hora que nossos olhares se encontraram, foi mágico! Eu não sei explicar aquela sensação, mas precisava estar com aquele homem!

Os olhares foram fortemente trocados.

— Eu não conseguia entender! Era como se um ímã me puxasse para ele. Fiquei esperando por ele, que olhava e também parecia hipnotizado. Já havia sintonia em nossos olhares, mas ele não fez nada.

Ana Clara estava com uma amiga e elas decidiram sair para irem a uma festa. Ela não se conformava de não ter sequer passado o número de telefone para aquele homem.

Enquanto caminhavam, ainda próximas ao bar, ele surgiu. Elegante e educado, pediu desculpas por interromper. Ao proferir suas primeiras palavras, Ana Clara sentiu algo totalmente diferente de tudo que já havia vivido.

— Eu senti que como se minha alma tivesse saudade dele, sendo que jamais o havia visto.

Felipe perguntou aonde iam. Disseram o nome da festa para a qual estavam indo. Sem pedir seu contato telefônico, ele disse que estava pensando em ir a outro local, mas completou:

— Quem sabe eu não apareço lá? Mas vamos deixar o suspense no ar...

Elas foram à festa e Ana Clara sentia que ele apareceria lá. Acreditava que o mesmo ímã que a puxava para ele, puxava-o para ela. Talvez ela tivesse razão, tendo em vista que Felipe logo apareceu.

Na festa, ela dançou com outras pessoas e tentou fingir que nem se importava com sua presença, mas não conseguia parar de pensar nele e nem disfarçar. A troca de olhares ficava mais intensa a cada momento.

Sua amiga não se simpatizou com o rapaz e começou a criticá-lo. Ana Clara não queria saber. Precisava tê-lo, precisava ser dele. Na verdade, sentia que já era dele.

— Vamos sair daqui? — Perguntou Felipe.

Ana Clara, que se encontrava em uma situação delicada, corajosamente topou. Foram à casa do rapaz. Por um lado, ela pensava em resistir à tentação de se entregar para ele. Por outro, parecia impossível. De fato, foi irresistível. Como dizer não diante de tanta química? Eles se encaixaram perfeitamente, pareciam feitos um para o outro.

— A gente nem conversou muito, sabe? Mas era como se lêssemos o pensamento um do outro. Na verdade, nunca me comuniquei tanto, mas foi com o sentimento. O que fizemos foi incrível e me deixou com muita vontade de repetir. Depois, ele me deixou em casa e eu não conseguia parar de pensar nele. Era inexplicável! Minha vontade era só de estar com ele novamente!

Ana Clara procurou explicações para desejá-lo tanto, daquela forma intensa. Achava que poderia ser porque o cheiro de Felipe ainda estava nela. Não compreendia como, mesmo após tomar banho, continuava sentindo seu cheiro. Leu sobre feromônios, substâncias químicas que podem atrair mutuamente animais da mesma espécie. Só podia ser aquela a explicação!

Até então, Ana Clara sempre havia sido uma mulher orgulhosa. Talvez por ter tido os homens aos seus pés, nunca foi de tomar iniciativa. Com Felipe, foi diferente. Mandou mensagem no outro dia.

— É claro que não falei que estava morrendo de vontade de estar com ele. Inventei outra desculpa, mas a verdade é que eu já não suportava mais ficar longe dele!

Logo, ele convidou-a para saírem novamente. Mais uma vez, foi maravilhoso!

— Por que é tão bom com você? — Perguntava Ana Clara.

— Sou apenas teu espelho — ele dizia.

Não conseguiam mais ficar distantes. Tentavam, já que nenhum dos dois queria se apaixonar naquele momento, mas era impossível. A presença de um fazia muito bem para o outro. Era viciante. Só pensavam em repetir.

Passaram a se encontrar todos os dias.

— Senti com ele sensações inimagináveis! Jamais vivi algo tão intenso! — Exclamou ela.

Desde o primeiro momento em que estiveram juntos, era como se já se conhecessem há muito tempo. A sintonia, a conexão e o encaixe eram perfeitos.

Felipe levou-a para conhecer alguns lugares que frequentava e Ana Clara sentia que havia nascido para viver ali. Talvez porque se parecessem com o local onde havia passado sua infância, julgava ela.

— Eu sempre fui uma pessoa muito racional e ele também. Aliás, somos muito parecidos. Tentávamos compreender aquilo, mas não tinha explicação. Pensei em feromônios, em semelhanças com a infância, mas o que tínhamos ia muito além.

Um dia, Ana Clara conheceu uma moça que havia deixado tudo para ficar com um homem que julgava ser sua alma gêmea. Ela contou a história para Ana Clara que, curiosa, perguntou:

— E como saber quem é a nossa alma gêmea?

— A alma gêmea é o seu espelho. Você se sente muito bem perto dela e só pensa em estar com ela porque te faz bem. Parece que vocês têm uma conexão profunda, um ímã que os atrai, uma sintonia. É como se vocês se conhecessem há muito tempo. Quando você encontra a alma gêmea, sabe pelo olhar. Você sente um amor incondicional, faz qualquer coisa pela pessoa. Por exemplo, se você era uma pessoa orgulhosa, deixa de ser. Depois de encontrada, a vida pode separar vocês, mas vocês só se sentem plenamente felizes quando se reencontram. Por mais que as circunstâncias digam que não, é como se vocês tivessem certeza desse reencontro. Vocês podem até ficar com outras pessoas, mas sentem que deveriam estar um com o outro, que são um do outro! — Explicou a moça.

Ana Clara ficou extremamente confusa, já que parecia que tudo se encaixava no que estava vivenciando, sentindo e pensando. Havia, inclusive, escrito uma carta para Felipe na qual dizia o que havia acabado de escutar, com as mesmas palavras. Sua razão dizia para não acreditar em alma gêmea, mas seu coração dizia que ela havia encontrado a sua.

— Ele fazia com que eu me sentisse uma mulher plena e realizada! Ele me levava para outra órbita! Era como se o tempo parasse e eu fosse para outro mundo! Não dava vontade de voltar! Acho que criávamos um mundo particular do qual eu não queria sair nunca — contou-me.

As noites de amor intenso com Felipe duraram apenas dois meses, mas para eles pareceu uma eternidade.

Ana Clara estava quase se separando do marido, na ocasião. Ela foi presa em decorrência de um crime cometido por ele, do qual foi cúmplice. Ambos estão no mesmo presídio, onde sabem que ficarão por pouco tempo; afinal, geralmente só os pobres cumprem altas penas privativas de liberdade em nosso país. Eles têm visitas juntos e o marido parece idolatrá-la. Possivelmente tentando livrar-se do sentimento de culpa por tê-la arrastado para detrás das grades, faz tudo pela esposa.

— Para mim, é muito estranho! Não consigo parar de pensar no Felipe! Conheço meu marido há anos e o Felipe há poucos meses, mas ele não sai da minha cabeça — relatou instigada.

Ela tem um carinho enorme pelo marido, mas não se compara ao que sente por Felipe. Jamais contou essa história para ninguém, pois sabe que magoaria o cônjuge, que ainda a ama. Também teme sua reação. Não sabe se seria visitada por Felipe, se estivesse sozinha. Sente que, de alguma forma, o que sente por ele é recíproco, mas que, no momento, estão de mãos atadas. Em seu caso, literalmente. Acredita no reencontro e torce por isso todos os dias.

— Não sei se essa história de alma gêmea é verdade. Sei que temos um magnetismo que nos envolve. É como se eu tivesse nascido para ele e ele, para mim. Estou sofrendo muito com a prisão e o que mais dói é estar longe dele. Não vejo a hora de resolver toda essa situação, separar-me, conquistar a liberdade e voltar para seus braços.

Sabe, talvez nossa história nem dê certo, mas eu preciso tentar. Posso parecer louca, mas simplesmente sinto que vamos ficar juntos. Meu corpo está aqui preso, mas minha alma é dele![13]

---

[13] Na minha atuação enquanto psicóloga em presídios, escutei muitas histórias envoltas por um ideal de amor-paixão, caracterizado por urgência de satisfação, encantamento e altos níveis de investimento no outro. A perspectiva de amor-romântico, uma expectativa centrada no mito moderno em que a vida íntima e o parceiro ideal são considerados necessários para uma vida satisfatória (GIDDENS, 1993), também era recorrente. O caso de Ana Clara e outros que serão delineados adiante ilustram tais concepções de amor tão presentes no cárcere e em toda a sociedade, mesmo que coexistam com diferentes aspirações.

"Ele faz tudo por mim, mas não consegue me agradar!"

— Eu sei que quase todas as meninas aqui foram abandonadas pelos maridos, mas eu não esperava isso do Ruan! Poderia esperar de qualquer pessoa, menos dele! — Disse-me Lavínia aos prantos.

Para ela, sua história com Ruan seria para sempre.

Quando se conheceram, Lavínia estava em outro relacionamento, que estava morno, sem graça, sem cor. Ruan reapresentou o colorido da vida a ela, seduziu-a com palavras lindas e juras de amor eterno. Em pouco tempo, ela estava perdidamente apaixonada e não conseguia mais vislumbrar seu futuro sem ele. Não pensou duas vezes:

— Fiz uma loucura por amor! Larguei meu marido e meu filho para ficar com o Ruan!

Ela entregou-se por inteiro à nova história. Se surgiam obstáculos, ela simplesmente passava por cima deles. Não media esforços para estar ao seu lado. Enfrentou sua família, o ex-marido, a distância do filho que amava. Não via barreiras ou limites que não pudesse superar.

— Eu morria de saudade do meu filho! Foi muito ruim não poder mais conviver com ele todos os dias! Mas o pai dele não quis deixar eu levá-lo e eu acabei aceitando provisoriamente. Planejava tentar morar com ele novamente posteriormente. Naquele momento, eu precisava ser feliz, eu tinha que sair de casa. Não suportava mais estar com o Cássio enquanto pensava no Ruan. Era a pior coisa do mundo! — Exclamou Lavínia.

Cássio, seu ex-marido, proporcionava-lhe uma vida confortável com seu trabalho honesto. Ruan manteve o mesmo padrão, mas seu dinheiro provinha do tráfico. O casal viveu momentos muito felizes. O sexo, especialmente, era maravilhoso!

— Não era normal aquilo! Era perfeito cada segundo com ele e tudo o que ele fazia quando estávamos juntos! — Dizia Lavínia.

Todavia o tempo de prazer e alegria durou pouco, já que Ruan foi preso. Ela se divorciou e se casou novamente o mais rápido possível, não perdendo tempo para estar com sua grande paixão. Acompanhou-o durante um ano, não faltando a uma visita social ou íntima.

— No começo, sofri muito! Não achava que aquilo fosse ambiente para mim porque nunca tinha entrado em um presídio. Na visita íntima, eu ficava morrendo de medo de pegar alguma doença porque a cela parecia muito suja e eu não sabia quem tinha estado ali. Mas por ele eu fazia qualquer coisa! Já tinha mudado completamente minha vida e estava disposta a ir com ele até para o fim do mundo — relatou.

Viveu a vida dele e só para ele durante seu aprisionamento.

— Tudo o que eu fazia era ficar esperando chegar o dia da visita. O pouco tempo que eu passava nos braços dele fazia com que todo o esforço valesse a pena. Longe dele, eu só sabia chorar! Eu queria estar com ele, era tudo o que eu queria!

Ruan pediu para que Lavínia tomasse conta dos seus negócios com a ajuda de um de seus amigos. Não havia nada que ele pedisse e ela não fizesse! Em pouco tempo, também foi presa, mas permaneceu em um estabelecimento prisional diferente do dele.

— Nunca sofri tanto! Ficamos mais de um ano trocando correspondências! Eu não via a hora de nos reencontrarmos! Só pedia isso para Deus! Queria ver aquele sorriso novamente, beijar aqueles lábios, sentir aquele abraço...

Ruan foi liberto, mas Lavínia permaneceu presa. Ele nunca foi visitá-la. Inicialmente, mandou alguns recados dizendo que estava muito atarefado. Depois, sumiu. Ela recebe visitas dos pais, que embora desapontados com ela, não a deixaram desamparada. Há cerca de três meses, soube por seus pais que Ruan está com outra mulher.

— Parece que é novinha, muito bonita e que tem um corpão! Ele desfila com ela para cima e para baixo. Eles vão aos mesmos lugares que ele me levava, acredita? Quando eu soube, fiquei arrasada, inconformada! Não podia ser verdade! Eu fiz tudo por ele! Como ele pôde ter coragem? Ele parecia tão apaixonado também. É por isso que eu não consigo entender!

Sem encontrar explicação, Lavínia ficou desolada.[14] O sofrimento foi incomensurável!

— Eu não sabia que nosso coração podia doer tanto! É uma dor gigantesca que eu não consigo tirar de dentro de mim! Eu não sabia que o amor podia trazer essa agonia, ou melhor, a falta dele, né?

Seus pais sempre foram contra o relacionamento da filha com Ruan e mantiveram contato com Cássio e o neto. Disseram que o ex-marido nunca mais quis saber de outra mulher, não aceitava a perda de Lavínia, seu grande amor. Havia se afogado em tristeza desde a sua partida. Contaram a ele sobre a situação de Lavínia, o abandono de Ruan e sua nova mulher. Cássio passou a visitá-la. Inicialmente, disse que era para levar o filho, que sentia falta da mãe.

— Foi um alívio poder voltar a ver meu filho! Não tenho nem palavras para descrever o que senti! Agora, é ele que tem me dado forças para aguentar isso aqui — disse-me Lavínia. Cássio quis conversar sobre tudo o que havia acontecido e retomar o relacionamento:

— Ele disse que eu tinha sido uma inconsequente, mas que deveria ser por imaturidade. Falou que sabia que eu queria viver uma paixão, mas que deveria valorizar o amor e que ele me amava. Disse que o amor sim era sólido e seguro. Embora não tivesse a loucura e a adrenalina da paixão, era o que realmente importava na vida.

Cássio afirmou ter perdoado Lavínia por acreditar que todo o sofrimento enfrentado por ela deveria tê-la feito crescer e amadurecer.

Lavínia sentia-se culpada e passou a refletir sobre o que o ex-marido havia falado. Seria verdade? Será que ela havia errado e deixado de valorizar tudo o que eles haviam construído juntos?

Na última visita, Cássio beijou-a e propôs novamente a retomada do compromisso entre eles.

— É estranho porque eu não sinto mais nada por ele. Mas fico com dó e também penso no nosso filho! Ele tem vindo me visitar e sempre fez tudo por mim. Ele nem quis saber de outra mulher depois que separamos. E mesmo depois de tudo o que eu fiz, ele ainda

---

[14] O que aconteceu com Lavínia pode ser compreendido como um momento no qual seu mundo presumido foi abalado. A expressão mundo presumido refere-se a um esquema organizado que contém concepções arraigadas sobre o mundo e nós mesmos, construídas com base em nossas experiências prévias e que orientam nossas expectativas futuras (PARKES, 1971, 1975). Ao descobrir que não poderia mais acreditar naquilo que presumia ser verdade e a guiava, ficou completamente sem chão.

me quis de volta, né? Acho que ele me ama incondicionalmente. Aí, resolvi voltar. No fundo, acho que também é porque tenho medo de acabar sozinha, entende? Eu queria mesmo era encontrar uma pessoa que me fizesse sentir do mesmo jeito que o Ruan fazia, mas que tivesse caráter. Mas vai que essa pessoa nem existe? Por isso, voltei. Só que eu não sei explicar. Sabe quando você está com sede e quer água, mas vem alguém e te dá comida? Acho que é mais ou menos assim. É como se fôssemos um quebra-cabeças e ficássemos nos esforçando muito para que as peças se encaixassem, mas elas simplesmente não se encaixam. Ele faz tudo por mim, mas não consegue me agradar!

"Um dia, a senhora vai entender!"

Se a maioria das mulheres se queixava da saudade de seus companheiros ou do abandono sofrido, este não era o caso de Karen.

— Eu estou aqui porque matei meu marido![15] — Disse-me ela.

Karen tinha três filhos, de diferentes pais. Os meninos tinham 18 e 16 anos, respectivamente; a menina, 13. Ela permaneceu com o marido, a quem havia matado, por oito anos. Durante a infância de Letícia, sua filha, o marido aparentemente respeitava-a e a tratava com carinho. Tudo mudou quando ela entrou na puberdade e as transformações corporais ficaram evidentes, especialmente com o crescimento dos seios. Antenor, o marido de Karen, não disfarçou os olhares em direção à Letícia.

— Ele ficava olhando descaradamente para os peitinhos dela, para coxa... Era nojento! — Contou-me.

Notando as atitudes suspeitas de Antenor, Karen conversou com o marido e ameaçou:

— Se você tocar em minha filha, eu te mato!

Pouco tempo depois, flagrou-o espreitando a menina pela porta do banheiro enquanto ela tomava banho. Reafirmou a necessidade de que ele se mantivesse longe de sua filha.

Um dia, ao retornar para casa, encontrou Letícia sentada no colo de Antenor enquanto ele acariciava-a.

---

[15] No Brasil, a porcentagem das prisões por homicídio entre as mulheres é de apenas 6,96%. Ao analisarmos a frequência dos crimes tentados ou consumados entre os registros das mulheres custodiadas, observa-se que o crime de tráfico de drogas é o principal responsável pela maioria das prisões, totalizando 59,9% dos casos. Em seguida, tem-se o crime de roubo (12,90%) e furto, com 7,80% dos casos (INFOPEN MULHERES, 2017). Desse modo, casos como o de Karen foram raramente acompanhados por mim na prisão. Ainda que reclusa por um crime pouco frequente, suas condições de vida também revelam que os atos considerados criminosos acabam sendo cometidos mulheres específicas no Brasil, provenientes de contextos de vulnerabilidade. A pena privativa de liberdade incide particularmente sobre essas mulheres (CARVALHO, 2014; CARVALHO; MAYORGA, 2017; PIMENTEL, 2016). Desse modo, é necessário ter uma perspectiva crítica sobre a seletividade penal brasileira diante de um recorte de classes e visibilizando o atravessamento da categoria gênero.

Karen expulsou o marido de casa, mas foi em vão. Ele resolveu que não iria sair. Além de manter os olhares e atitudes com relação à sua filha, passou a ameaçar Karen frequentemente, assim como seus outros filhos. Chegou a agredi-la fisicamente para deixar claro quem mandava na casa.

— Ele me obrigava a ter relação sexual com ele, mas eu podia ver nos olhos de safado dele que ele estava era pensando nela. Aquilo me dava vômito — relatou com aversão.

Não aguentando mais a situação, resolveu matá-lo. Atraiu-o para um matagal onde deu ao marido uma bebida indutora de sono e o esfaqueou até a morte. Pouco tempo depois, o corpo foi descoberto, assim como a autora do crime.

Karen dizia não se arrepender do que havia feito, afirmava que tinha motivo para isso. Sabia que agora a filha não teria que enfrentar a situação de violência pela qual ela havia passado toda a infância.

— Eu sofri abuso sexual minha infância toda e minha mãe não fazia nada. Eu tenho dificuldade para reter a urina e acho que tem alguma coisa a ver com os abusos. Até hoje, tenho muita dificuldade para ter prazer sexual porque sempre me vem à cabeça o meu padrasto me estuprando. Não consigo esquecer! Pelo menos minha filha não vai ter que conviver com esse trauma — afirmou.

Mesmo após ingressar na vida adulta, Karen enfrentou a violência sexual[16] diversas vezes. Nos relacionamentos íntimos, às vezes, não estava disposta a ter relação sexual com os companheiros, mas era obrigada.

— Os maridos que eu tive não aceitavam não. Se eu estava cansada ou não estava com vontade, eles me forçavam a ter relação do mesmo jeito. Tinha que ser na hora que eles quisessem.

Esse ciclo se repetiu diversas vezes, gerando repulsa aos homens de forma generalizada.

Uma vez, ela foi estuprada em um beco, próximo do local em que vendia drogas.

— O cara colocou uma faca em meu pescoço, me mandou ficar em silêncio e rasgou a minha roupa. Eu não consegui evitar. Foi a

---

[16] A violência sexual é uma das diferentes formas de violência, que coexistem interativa e cumulativamente ao longo da vida das mulheres encarceradas (FIGUEIREDO, 2019, 2020; HOPE; BRIAN; TRICKETT; OSBORN, 2001; MATOS; CONDE; PEIXOTO, 2013).

coisa mais horrorosa desse mundo! Eu acho que não durou nem três minutos, mas eu lembro toda hora.

Desse modo, além de ter vivenciado a violência sexual de pessoas com as quais mantinha proximidade, enfrentou essa situação com um desconhecido. Grande parte das mulheres que se encontravam presas também havia sido estuprada. A violência sexual em âmbito doméstico era a mais comum e, muitas vezes, trazia sentimentos ambivalentes com relação ao abusador[17]. Os casos com desconhecidos eram raros e relatados com total repugnância e nojo.

Infelizmente, a violência foi um tema recorrente ao longo dos anos em que atendi mulheres encarceradas. A violência do Estado foi enfrentada durante toda a vida, com o descumprimento da constituição e a violação dos direitos à educação, à cultura, à saúde, ao acesso ao mercado formal de trabalho e aos serviços sociais. Aquelas mulheres, desde a infância, na vida íntima, foram submetidas a violências inimagináveis: violência física, psicológica, econômica, sexual. Fatores de risco como o gênero, a pobreza, a baixa escolaridade e a etnia acabam aumentando a suscetibilidade ao enfrentamento de violência pelas mulheres que são aprisionadas em nosso país. Em muitos casos, o ciclo da violência doméstica repete-se de maneira ininterrompível. A existência do afeto e do erotismo, além de outros fatores, como a dependência econômica, podem contribuir para a permanência do vínculo.

Este não foi o caso de Karen. Sua decisão foi firme. Matou o marido, livrando a filha da violência doméstica.

— Sofri demais por ter passado por tudo aquilo a infância toda. Jamais consegui entregar-me verdadeiramente a qualquer homem. Nunca consegui viver uma paixão genuína. Homem para mim é sinônimo de maldade, horror, medo. Como eu poderia permitir que o mesmo acontecesse com a minha filha? Não sei se a senhora é mãe. Se não for, um dia, a senhora vai entender.

---

[17] Para maiores conhecimentos acerca dessa temática, sugere-se a leitura de Smigay (2000).

"INGRATA!"

— Você quer me falar alguma coisa? — Perguntou o pai.

— Não, está tudo certo — respondeu brevemente Jurema, retomando o silêncio em seguida.

A cena parecia de um velório, mas era uma visita assistida. Trata-se de uma visita acompanhada por assistente social ou psicólogo(a), que ocorre durante a semana em casos nos quais o visitante apresente alguma doença grave. A ideia é a de que o profissional possa prestar algum apoio diante de ocorrências inusitadas.

Sempre me senti incomodada ao ter que acompanhar essa modalidade de visita, como se estivesse invadindo a privacidade familiar. Tendo que cumprir as normas do sistema prisional, explicava que estaria ali, caso precisassem de algo, mas que poderiam se sentir à vontade, como se eu não estivesse. Obviamente, mesmo com meu esforço, era impossível que não sentissem minha presença naquele momento raro que tinham para partilhar suas vidas.

Um desconforto era sempre esperado. Com o tempo, o gelo era quebrado. Não foi o que aconteceu naquele dia. Estávamos todos distantes: em uma ponta da sala, estava Jurema; na outra, sua mãe; na terceira ponta; seu pai; e na quarta, estava eu. A visita durou meia hora, como de costume. O pai, já idoso e enfermo, parecia não conseguir respirar bem e seu semblante era de alguém que poderia morrer a qualquer momento. A mãe, não chegou a proferir palavra alguma ao longo da visita, mesmo estando sem ver a filha há meses. Predominou o silêncio e um clima mórbido. Olhares eram evitados. Meia hora, para mim, pareceu o dia todo. Saí dali sem energia.

Jurema estava presa há um ano em decorrência de uma acusação de homicídio, mas ainda não havia sido julgada. O crime ocorreu durante um ato sexual e apresentava características de crueldade. Jurema amarrou o senhor que havia acabado de conhecer em uma cama, pegou um ferro de passar roupas e golpeou-o inúmeras vezes, até sua morte.

Não recebia visitas de ninguém e nem se correspondia por meio de cartas. Nunca teve namorado; este lugar sempre esteve ocupado.

Usuária de crack, ela costumava passar na casa dos pais cerca de três vezes por semana. Alimentava-se, tomava banho e voltava para a rua. Na noite do crime, a mãe recusou-lhe o banho e o prato de comida. Ao ser expulsa de casa, revoltada, Jurema reviveu sua história mentalmente.

Jurema tinha 45 anos e, desde os 8 anos, sofria abuso sexual por parte do pai. Ao mesmo tempo, ele supria minimamente suas necessidades afetivas e também materiais. Dava presentes a filha e momentos de carinho. Já a mãe, sempre a tratou com hostilidade. Jurema acha que a mãe sempre soube do que acontecia. Na adolescência, resolveu contar para ter certeza de que a mãe simplesmente optava por se calar diante dos abusos. A mãe afirmou não acreditar na filha e continuou agindo como se nada acontecesse. Com raiva, ela passou a aceitar mais passivamente cada relação sexual com o pai. Possivelmente, tratava-se de uma forma de se vingar da mãe e alimentar a rivalidade sempre existente entre elas, o que foi mantido até seu aprisionamento. Uma semana antes do crime, havia transado com o pai em um cafezal em um sítio no qual a mãe também se encontrava, mas fingiu não perceber. Esse ciclo repetitivo passou por sua cabeça naquela noite. Vieram à sua cabeça as cenas das relações sexuais com o pai e, especialmente, imagens dos olhares odiosos da mãe dirigidos a ela desde quando era uma menina até aquela noite.

— Como pode isso? Eu com 45 anos ainda transar com meu pai? Minha mãe finge que não vê a vida toda! Ela me detesta! Por que ela nunca fez nada? E ainda me negou um prato de comida — contou-me revoltada.

Com raiva, pensava apenas em assassinar a mãe. Tinha essa ideia fixa na cabeça.

A fim de conseguir dinheiro para uma pedra de crack, foi fazer um programa. Jamais havia visto aquele senhor. Enquanto transavam, não parava de pensar nas cenas de sexo com seu pai e na omissão da mãe. Tinha raiva do pai, mas ao mesmo tempo, amava-o. Já pela mãe, não conseguia deixar de sentir ódio e desejo de matá-la. Sentia que precisava matá-la.

Não consegue lembrar-se de nada acerca do crime. Apenas se recorda que esse era seu pensamento recorrente: matar a mãe. Soube que matou aquele senhor com um ferro de passar roupas por terceiros. Por mais que se esforce, a cena do crime foi apagada de sua memória. Talvez seja uma tentativa do ego de protegê-la, de poupá-la de um processo de aceitação de quem é e do que é capaz de fazer.

— Eu não consigo entender. Queria mesmo era matar minha mãe. Por que eu matei aquele homem? — Perguntou-se.

Quando soube que os pais viriam a uma visita assistida, ficou apreensiva. Seria a oportunidade de falar tudo aquilo que esteve engasgado a vida toda, contudo, ao mesmo tempo, não seria fácil tocar no assunto, pois evocaria sentimentos profundos guardados a sete chaves. Será que conseguiria? Sabendo desse contexto, a visita também gerou preocupação em mim, que não sabia o que poderia acontecer.

— Acabei não falando nada, senhora Ana. Não sei se eles dariam conta de ouvir o que eu tinha para falar. Eu não consegui, preferi me silenciar mais uma vez. Mas eu acho que foi melhor assim. Não era o momento certo. E outra, a visita dura apenas meia hora. A gente não ia conseguir resolver esse assunto em tão pouco tempo — disse-me Jurema assim que os pais saíram da sala de atendimento.

Enquanto deixavam a unidade prisional, um dos agentes penitenciários, ao ter visto que dois senhores com idade avançada, saúde fragilizada e dificuldade para a locomoção haviam ido visitar a filha, comentou:

— Essa presa deveria valorizar mais os pais que tem! Eles saíram de casa nessa situação só para visitá-la e nenhum abraço ela deu ao se despedir deles. Ficou com cara de velório! Ingrata!

"Agradeço por carregar em meu ventre a multiplicação desse amor!"

— Minha maior alegria era vir visitar o Pedro na cadeia! — Contou-me Graziela em êxtase.

Eles conhecerem-se em uma festa semanas antes de sua reclusão.

— Quando me aproximei e vi aqueles olhos, eu já sabia que ele era o homem da minha vida! — Relatou.

Passaram a se encontrar todos os dias.

— Era mágico, viciante! Desde o primeiro dia, me senti muito à vontade perto dele. Ele me passava uma coisa boa, uma paz, uma tranquilidade. Nem sei explicar — descreveu ela.

Para Graziela, a melhor coisa do mundo era estar ao lado de Pedro, ter sua companhia.

Eles sempre se encontravam em horários pouco convencionais, geralmente de madrugada. Pedro permanecia atento ao celular e, um dia, saiu no meio da noite após receber uma chamada e retornou em breve.

— Ele só pode ter outra mulher — conjecturava Graziele.

Imaginava que ele tinha outra, mas não conseguia mais ficar sem ele.

— Eu pensava que talvez fosse porque tínhamos acabado de começar a sair, mas que ele deveria sentir o mesmo que eu. Não tinha como ele não estar gostando muito porque era maravilhoso cada momento que passávamos juntos. Decidi esperar um pouco antes de dizer qualquer coisa — relatou.

Um dia, não conseguiu mais manter o silêncio e perguntou:

— Por que você vem me ver esse horário? E por que saiu no meio da noite aquela vez? Desculpe perguntar, mas eu acho muito estranho e preciso saber a verdade.

— Eu fico trabalhando, mas não quero falar sobre trabalho agora — respondeu Pedro.

A desconfiança de Graziele permaneceu. Em sua cabeça, ele tinha outra e ponto. Com certeza, uma pessoa tão sensacional quanto ele deveria estar saindo com alguma mulher anteriormente. Seu mistério a respeito de sua atividade profissional provavelmente constatava isso. Por outro lado, ela sentia que podia confiar no rapaz, já que ele parecia sincero em todas as outras situações. Confusa, em outro encontro, resolveu insistir no assunto:

— Você trabalha com o quê? — Perguntou.

— É segredo, mas vou te contar um dia. Tenha paciência — disse ele.

Continuaram tendo encontros incríveis. Por um lado, permanecia desconfiada; por outro, sentia que ele era só dela. Pedro, percebendo seus sentimentos, resolveu abrir-se com a moça. Cauteloso, discreto e reservado, ele não falava do assunto com ninguém, mas também sentia que o encontro com Graziele havia sido diferente.

— Você é a mulher da minha vida, é especial e me inspira confiança, por isso, vou te contar sobre o que faço. Não é um trabalho muito convencional...

— Eu te amo tanto que não me importa o que seja. Já te amo incondicionalmente. Só quero ter certeza de que sou a única da sua vida. Você pode até ser um traficante que não sairei do seu lado porque não consigo mais viver sem você. Para ficar contigo, iria até mesmo fazer visita íntima na cadeia — disse rindo, em tom de brincadeira.

— Você adivinhou. Eu vendo drogas há algum tempo. Tento não me arriscar muito e já tenho uma clientela formada. Os negócios já fluem naturalmente hoje em dia. É claro que eu penso em parar de vender e fazer outra coisa. Ainda mais agora que te conheci. Sei que faz pouco tempo que estamos juntos, mas sonho em ter uma família contigo. Sempre guardei meu coração, mas agora ele é teu. Você já conseguiu a chave dele, conseguiu quebrar um iceberg que tinha em meu peito. Vou juntar um pouco mais de dinheiro e montar um negócio legal para poder oferecer algum conforto para a nossa família. Sinto que será contigo que terei uma — disse ele.

Graziele ficou chocada. Na verdade, não esperava por aquela revelação. Ao mesmo tempo, sentiu-se aliviada e partilhava do sonho de Pedro. Foi bom saber que tinham o mesmo propósito. Para ela, qualquer coisa era melhor do que ter que dividir o homem da sua vida com outra mulher.

Não passou sequer uma semana e Pedro foi preso. Graziela cumpriu sua promessa, não deixou seu grande amor desamparado. Visitava Pedro semanalmente e, na época, o presídio ainda não era administrado pelo Depen-MG.

— As visitas aconteciam dentro das celas e a gente conseguia ter intimidade. Não é que nem hoje em dia, no pátio, com todo mundo olhando: os guardas, as famílias, os outros presos... Hoje, não dá nem para conversar direito que parece que está todo mundo escutando. Mas naquela época, a gente podia fazer amor na cela... e nunca foi tão gostoso quanto era com ele! Parece que ele adivinhava o que eu queria, onde me tocar, sabe? Eu pensava em alguma coisa e na hora ele fazia... Nem dá para explicar! Era bom demais! A gente tinha total sintonia! Parecia até telepatia! Até hoje eu lembro direitinho de cada sensação, do jeito que ele me olhava, me tocava...

Graziele contou que, como o relacionamento era muito recente e ela jamais havia convivido com pessoas do contexto criminal, muitos julgaram sua atitude. Como era possível estar apaixonada por um homem que estava preso sendo que havia tantos homens em liberdade? Como era possível mudar sua vida e viver à espera de um criminoso?

Para ela, a resposta era muito simples:

— Eu apenas segui meu coração. Acho que tem gente que passa pela vida sem vivê-la. Eu aprendi a viver de acordo com o que sinto, não pela razão. E quer saber? Não me arrependo nem por um instante. Tem gente que é racional demais e acaba deixando o melhor da vida escapar. Tenho pena de quem nunca sentiu isso e mais pena ainda de quem desperdiçou a oportunidade de viver um amor intensamente. Se é isso que dá sentido à vida, como é que tem gente que deixa passar?

Eles sonhavam com uma vida lá fora assim que ele conquistasse a liberdade. Almejavam o mesmo que a maioria das pessoas aprisionadas:

— A gente sonhava em ter uma família e viver nosso amor! Era tudo o que a gente queria!

E não é que o sonho quase se tornou realidade? Após três anos preso, seu amado conquistou a liberdade. Graziele engravidou e tiveram um filho. O sonho da família foi conquistado, já a fonte de subsistência do casal continuou sendo a mesma: o tráfico de drogas.

— Era bom demais! Ele fazia até desenho e poesia para mim! Ele tinha sensibilidade e adorava me agradar, sabe? Eu lembro direitinho de um dia que ele fez um desenho lindo. Aí, eu falei para ele: "Nossa, você é um artista! Esse é o desenho mais lindo que já vi!". Ele respondeu para mim: "Desenho lindo foi o que Deus fez e me deu de presente. Você é uma obra de arte! Você já reparou nas suas curvas? Tudo em você é proporcional, nada foi colocado em você por acaso". Ele me falava essas coisas bonitas e eu me derretia todinha... Era amor demais! Eu gostava tanto dele que parecia que eu não ia aguentar aquele sentimento forte no meu peito. Na hora que a gente fazia amor então, parecia que eu ia morrer de prazer! Era intenso demais! Não consigo nem descrever... E a senhora precisa ver o jeito que ele era com o nosso filho, um pai e tanto! O menino era louco com ele — descreveu Graziele.

Após dois anos, a atividade ilícita foi descoberta e Pedro foi preso novamente. Nessa época, o presídio já era administrado pelo Depen-MG e as visitas ocorriam no pátio.

— Eu fiz tudo de novo. Não faltava a nenhuma visita. Fazia tudo o que ele gostava e trazia, sabe? Ele amava um bolo de cenoura e aí eu sempre fazia com o maior capricho. Só a cobertura de chocolate que não podia colocar, né? Porque eles não deixam entrar. Quando a gente se encontrava, a gente sempre se abraçava e chorava um tempão. Depois que a gente conseguia voltar ao normal e se curtir. Às vezes, a gente ficava um tempão só se olhando e era como se um enxergasse a alma do outro. A gente não precisava nem de palavra para se comunicar e entender.

Quando Pedro foi preso, Graziele ficou cuidando dos seus negócios e, em dois meses, acabou sendo aprisionada também. Eles permaneceram em unidades prisionais distintas.

— Mesmo sem ter ele fisicamente, eu sentia ele! A senhora já ouviu falar em sexo tântrico? Eu acho que a gente fazia isso, não é possível! Na época, tinha celular aqui, sabe? A gente se falava e, eu juro para a senhora, eu sentia ele de verdade! Era como se ele estivesse aqui! Ele falava para eu imaginar ele passando a mão no meu rosto, no meu pescoço, no meu corpo... Aí ele pedia para eu ir fazendo o que ele falava, sabe? Eu fazia e sentia a presença dele de verdade. Acho que a gente estava conectado, que uma energia passava pelo celular. Nunca senti o que sentia com aquele homem até quando ele estava do outro lado do Estado! Ele era a minha vida! E eu pensava nele dia e noite, dia e noite... Eu sorria cada vez que o celular tocava e chorava quando desligava todos os dias. As lágrimas não paravam de escorrer do meu rosto. Nem sei como tanta dor cabia dentro de mim. Ao mesmo tempo, era ele quem me dava força para prosseguir, entende? Quando eu estava muito mal, parecia que ele sentia lá do outro lado e dava um jeito de me mandar uma palavra de motivação. E eu também sentia quando ele estava mal. Dava uma coisa esquisita no meu coração. Aí, eu também tentava ajudar daqui.

O casal manteve a paixão viva até a conquista da liberdade, que chegou quase ao mesmo tempo para ambos. Uma sorte! Com lágrimas nos olhos, ela contou:

— Acho que o universo conspirou a favor do nosso amor e nosso reencontro foi a coisa mais linda! Eu chorei tanto e abracei tanto ele! Foi gostoso demais! Poder olhar naqueles olhos, beijar aquela boca... Ter aquele homem de novo foi a melhor coisa dessa vida! Eu lembro direitinho o que ele falou para mim quando a gente ficou junto.

— O quê? — perguntei.

— Nasci para morar dentro de você! — respondeu com timidez.

Era exatamente isso que ela estava pensando naquele momento: "Esse homem nasceu para morar dentro de mim". A sintonia que tinham causava-lhe espanto e admiração.

Eles foram morar juntos novamente e buscaram o filho, que estava com a irmã de Graziele. Finalmente, a família reuniu-se e estavam vivendo em harmonia. Mesmo sem terem conseguido outra forma de subsistência que não fosse o tráfico, tudo era felicidade! Tempos depois, planejaram ter mais um filho, pois queriam mais um fruto daquele amor. Ela engravidou novamente e o casal comemorou com muita alegria.

Todavia, logo no início da gestação, Pedro foi assassinado. A morte repentina foi um choque para ela. Tudo aconteceu de uma hora para outra, sem o devido tempo para que Graziele elaborasse a perda[18].

— Meu mundo caiu! Meu mundo acabou! Eu só queria morrer também! Sei que nunca vou achar um homem como ele! Ele era muito especial e me transmitia paz, sabe? Era só eu chegar perto dele ou escutar a voz dele que eu já ficava bem. Ficar longe dele sempre foi uma tortura, já estar ao seu lado, um alívio. Sei que nunca vou ter o que tive com ele com mais ninguém — afirmou.

Sem muito tempo para elaborar o luto pela perda do marido e ainda à espera de seu filho, Graziele foi presa novamente, quando tive a oportunidade de conhecer uma mulher que transbordava amor e paixão em suas palavras e olhar.

A situação das gestantes privadas de liberdade em nosso país é extremamente desumana. Quando permanecem em presídios mistos, como no caso de Graziele, não contam com estrutura ou serviços de saúde adequados para o acompanhamento gestacional. Se transferidas, costumam ir para unidades prisionais distantes, geralmente em capitais, nas quais dificilmente receberão alguma visita. Lá, após o nascimento do bebê, são obrigadas a entregá-lo em um período que geralmente varia de seis meses a um ano. Trata-se de uma discrepância gigantesca ao compararmos com alguns países europeus, por exemplo, nos quais é possível que a mãe ou pai mantenha consigo filho até os 5 anos[19]. Aqui, a permanência com o pai nem é cogitada. A separação brusca das mães em idade precoce acarreta sofrimento não apenas para as genitoras, mas também para as crianças que têm que lidar com o rompimento do vínculo, o que pode ser extremamente doloroso e trazer implicações para o desenvolvimento.

---

[18] O aprisionamento traz múltiplas perdas: da liberdade, do convívio social, da identidade, do domínio sobre o próprio corpo, dentre outras. Grande parte delas pode ser caracterizada como ambíguas, que ocorrem quando há ausência psicológica com presença física, assim como ausência física com presença psicológica. Tais perdas caracterizam-se pela falta de clareza acerca do que foi perdido. Assim, o ausente pode continuar presente, atuando de forma velada e gerando emoções ambíguas (BOSS, 1999; CASELLATO, 2005). Por não serem oficialmente validadas e ritualizadas, o processo de elaboração do luto pode ser dificultado (BOSS, 1999; FRANCO, 2002; WALSH, 2005). Além das inúmeras perdas ambíguas, muitas mulheres aprisionadas enfrentam a perda pela morte do parceiro. Embora se trate de uma perda concreta, muitas vezes as mortes são súbitas, decorrentes de assassinato, por exemplo. As mortes inesperadas são mais complicadas de serem superadas, devido à ruptura brusca, sem que haja nenhuma preparação para a elaboração da perda.

[19] Para maiores informações acerca desse aspecto nas prisões portuguesas, sugere-se as seguintes leituras: Figueiredo e Granja (2020); Granja (2015).

Graziele ficou assustada inicialmente diante dessa situação. Com sete meses de gestação, não sabia o que aconteceria. Imaginava que seria transferida para o único estabelecimento próprio para gestantes no Estado, mas soube que não havia vaga naquele momento.

— Eu chorei demais por estar aqui nessa situação, sem saber do meu futuro! Eu estava desesperada, mas agora tento pensar que tudo dará certo, que eu vou conseguir ficar perto do meu filho e cuidar dele com muito amor! Com o tempo, aprendi a olhar para tudo de outra forma. Hoje, sou muito grata por ter tido a oportunidade de conviver com um homem tão bom e de ter vivenciado um amor tão genuíno. Eu acho que muitas pessoas passam pela vida sem ter uma experiência assim e eu tive! Se eu tivesse que escolher entre viver uma vida toda com outra pessoa ou poucos momentos com o Pedro, certamente escolheria a segunda opção. Um dia com ele valeu mais que milhares longe dele! Eu só aprendi com ele e cada momento de espera valeu a pena! Desde quando o conheci, mesmo quando tivemos que ficar distantes, eu sentia que levava um pedacinho dele comigo aonde eu ia. Quando tivemos nosso filho, isso ficou mais evidente. Agora, vamos estar ainda mais conectados. Agradeço por carregar em meu ventre a multiplicação desse amor!

"Vou ser a mãe que sempre quis ter!"

Analu cumpria pena de prisão pela terceira vez. Nas duas primeiras vezes, foi acusada de furto, mas não chegou a ficar uma semana reclusa e conquistou a liberdade. Usuária de crack, jamais traficou drogas, mas estava presa sob esta acusação, junto ao companheiro, inserido em pequenas atividades do ramo.

Seu olhar demonstrava tristeza e sua história era repleta de rompimentos de vínculos afetivos[20]. A mãe resolveu sair de casa quando Analu tinha 1 ano de idade e a perda da mãe era encarada com sofrimento e inconformismo.

— Acho que a minha vida poderia ter sido diferente se eu tivesse tido minha mãe do meu lado. Um conselho, um braço, um colo de mãe faz falta demais na vida — comentou entristecida.

Cresceu sentindo-se abandonada e rejeitada. Sonhava em se tornar mãe um dia; queria ser para seus filhos tudo o que a mãe não pôde ser para ela.

— Meu sonho sempre foi ter uma família e poder ser uma boa mãe para meus filhos. Queria muito poder cuidar deles com todo o amor e carinho desse mundo.

Seu primeiro namoro foi com um assaltante, que morreu assassinado.

— Eu estava grávida dele quando ele morreu. Não aceitei muito bem mais uma perda — afirmou Analu.

---

[20] O rompimento de vínculos afetivos desde a infância foi relatado pela maioria das mulheres que acompanhei nos presídios, que passaram por processos de separação e luto em suas trajetórias. Segundo Bowlby (1969), diante de rupturas afetivas, as respostas humanas costumam ser similares, gerando protesto, desespero e desapego, quando é possível ocorrer uma readaptação. Entretanto perdas que ocorrem na infância e envolvem a separação da figura de apego podem gerar implicações, como sentimentos de desamor, rejeição e intensificação do conflito de ambivalência (BOWLBY, 1979). A impossibilidade de lamentar a perda pode dificultar o processo de luto, o que observei frequentemente ao atender as mulheres aprisionadas.

Passou a utilizar drogas e afundou-se no crack. Deixou seu filho recém-nascido com o seu pai, saiu de casa e se perdeu no mundo. Nunca mais viu o filho, o pai ou o irmão.

— Esse é o maior arrependimento que tenho na vida! Meu pai deve sofrer muito porque ele nem sabe se eu estou viva ou morta. Se Deus me der uma oportunidade, quando eu sair daqui, quero procurá-lo e pedir perdão por tudo o que fiz. Também quero ter a possibilidade de reencontrar meu irmão um dia, né? Porque a gente era muito unido. Tudo o que eu passei, ele passou também. Eu só sei que ele também está preso agora, mas não faço ideia de onde ele esteja. Quanto ao meu filho, nem sei se foi meu pai mesmo que o criou, se ele ainda está com ele... Fico imaginando como ele é, como é o rosto dele, como ele está... Queria muito ter a chance de, pelo menos, ter notícias dele um dia — comentou Analu com os olhos lacrimejando.

Após o primeiro namorado, os próximos ou aqueles com quem tinha relacionamentos esporádicos apresentavam sempre as mesmas características: estavam inseridos na criminalidade e eram toxicodependentes.

Esses relacionamentos geraram mais quatro filhos. Cada gestação foi perpassada pelo uso abusivo de crack, que simplesmente não conseguia abandonar.

— Geralmente, depois que eu terminava meus programas, ia com alguém que eu estivesse curtindo para o motel. A gente ficava junto, mas tinha que ter crack. Essa droga é uma desgraça! A gente não pensa em comer, em tomar banho, em fazer planos com alguém, em nada. Só pensa no prazer daquele momento ali. Só sabe viver em torno disso! — Proferiu Analu.

Nesse contexto, chegou a cogitar a possibilidade do aborto diante das gestações que teve, mas jamais o fez.

— Esse pecado, graças a Deus, eu nunca cometi! — Comentou.

Assim como Analu, muitas mulheres aprisionadas tinham gestações em circunstâncias nas quais sabiam que não poderiam exercer a maternagem. A maioria chegava a pensar na possibilidade de abortar, mas valores morais e religiosos impediam-nas disso. Muitas vezes, a história repetia-se ininterruptivelmente. Comumente, tinham cinco, seis, sete filhos, sem saberem sequer onde estavam.

Embora o maior sonho de Analu fosse ser mãe, não conviveu com nenhum de seus filhos, que foram retirados de seu braço na maternidade.

— Eu não pude cuidar dos meus filhos, mas amo demais cada um. Os outros quatro estão com as avós paternas. Sabe o que eu faço? Todos os dias vou ver um deles sendo levado para a escola, de mãos dadas com a avó. A senhora precisa ver que belezinha que ele é. E eu vejo que ele está bem, que a avó dele está levando ele limpinho, bem cuidado lá para a escola. Ai, fico aliviada. Eu fico observando do outro lado da rua. Prefiro que não me vejam no estado que geralmente eu estou, né? Sempre louca de droga... Mas não falho um dia sequer — contou Analu.

Em situação de rua, prostituindo-se como meio de subsistência e manutenção do vício, conheceu Alexandre, que lhe ofereceu apoio, carinho e segurança.

— Ele foi um anjo na minha vida! Me levou para morar na casa dele e fazia tudo para mim. Me dava almoço, janta e até o crack que eu precisava, né? Mas diminui muito o uso depois que conheci ele. Nossa, acho que estava usando menos da metade do que eu consumia na rua! E ele não exigia nada em troca, sabe? Não era que nem os outros caras que só queriam transar comigo. Eu só tinha relação sexual com ele se eu quisesse mesmo[21]. Nunca ninguém fez uma coisa dessas para mim não! — Relatou com gratidão.

Eles estavam morando juntos quando foram presos ao serem pegos com drogas que seriam destinadas ao uso pessoal de Analu:

— É que ele trazia um pouquinho para mim porque sabia que eu não conseguia ficar sem. Aí, eu não precisava ir na biqueira buscar, né? Os policiais sabiam que eu era usuária porque eles já me conheciam da rua, mesmo assim, levaram a gente para cadeia.

O número de prisões relacionadas ao tráfico de drogas em nosso país tem crescido substancialmente e aceleradamente após a promulgação da Lei 11.343/06[22]. A partir dela, tornou-se possível

---

[21] As mulheres aprisionadas muitas vezes enxergam o sexo como uma moeda básica de troca que devem oferecer em seus relacionamentos, enquanto aos homens cabe o sustento material, noção esta comum entre os grupos populares (FONSECA, 2000).

[22] De acordo com o artigo 33 da referida lei, o tráfico de drogas pode ser caracterizado da seguinte maneira: "importar, exportar, remeter, preparar, produzir, fabricar, adquirir, vender, expor à venda, oferecer, ter em depósito, transportar, trazer consigo, guardar, prescrever, ministrar, entregar a consumo ou fornecer drogas, ainda que gratuitamente, sem autorização ou em desacordo com determinação legal ou regulamentar".

incorrer neste crime pessoas que apenas guardem entorpecentes ou ofereça-os a outrém, mesmo que eventualmente e sem objetivo de lucro. Infelizmente, a punição recai a partir da análise de características pessoasis, como etnia e classe social, sendo menos relevante a quantidade de droga apreendida ou a ação em si. As mulheres, especialmente, têm sido aprisionadas cada vez mais acusadas de tráfico de drogas, mesmo quando inseridas em pequenas atividades do ramo como forma de subsistência ou sendo apenas usuárias, como Analu.

Na prisão, as visitas sociais no pátio aos finais de semana com Alexandre são esperadas ansiosamente, assim como as cartas.

— Ah, na hora que chegam as cartas, não tem nem como explicar para a senhora. Dá até um gelo na barriga da gente, sabe? E as visitas que ajudam aqui, né? A gente fica a semana toda esperando para poder se olhar, poder dar um abraço, poder conversar — discorreu Analu.

De fato, a manutenção de laços afetivos pode servir como fonte de apoio e força no cárcere. Analu teve a sorte de permanecer na mesma unidade prisional que Alexandre, o que é raridade, pois a maioria dos companheiros que também são presos costuma ficar em outros estabelecimentos prisionais, o que dificulta a manutenção do vínculo.

Nas visitas e cartas, ela e o companheiro abordam um tema recorrente: o desejo de terem um filho juntos. Querem cuidar da criança com todo o amor e finalmente ter a família sonhada.

— Acho que ainda dá tempo! Eu tive cinco filhos, mas não cuidei de nenhum. Sempre me imaginei cuidando deles, trocando fralda, amamentando, dando comida, carinho, amor... Agora, conheci um homem bom e vou poder realizar meu sonho. Vou ser a mãe que sempre quis ter!

"A SENHORA NÃO FAZ IDEIA DE COMO É SABER QUE ESSA CRIANÇA ESTÁ BEM!"

Já não se via mais brilho nos lindos olhos cor de jabuticaba de Janaína. Estava presa pela quarta vez. Assim como ela, alguns de seus tios e primos, todos usuários de drogas, passavam pelo presídio recorrentemente. Iam presos acusados de tráfico ou por cometerem pequenos furtos.

Essa é uma realidade que tem se repetido continuamente e desvela a seletividade penal que vigora em nosso país. Pessoas da mesma família e/ou vizinhança têm sido reclusas repetidamente[23]. Geralmente, vivem em bairros humildes, caracterizados pela pobreza e falta de acesso a recursos educacionais, materiais ou culturais. As penas de prisão incidem preferencialmente sobre elas.

Conheci Janaína em sua terceira reclusão, quando cumpria pena por furto. De poucas palavras, olhar triste e desconfiado, mantinha a cabeça baixa e limitava-se a responder minhas perguntas brevemente durante os atendimentos. Não queria papo; não queria vínculo. Sobre o pai, apenas disse que jamais o conheceu. No que se refere à mãe, disse que era como se não tivesse porque nunca recebeu sua atenção ou carinho. Vivia em situação de rua desde a adolescência, com alguns retornos para casa, onde morava sua mãe, o padrasto, alguns dos irmãos, tios e primos. Em uma casa cheia, não se considerava próxima de ninguém. Sentia-se menos sozinha na rua do que no "lar".

Quando conquistou a liberdade, ficou apenas quatro meses fora do cárcere e retornou. Dessa vez, cumpria pena por tráfico de drogas, era reincidente e certamente sua pena seria alta. Como muitos, foi pega com o crack que seria destinado ao próprio consumo. Havia recebido as pedras como pagamento de um programa. Nesse período, durante o exercício de sua atividade profissional, foi gerada mais uma criança, que carregava em seu ventre.

---

[23] O mesmo fenômeno também é observado no contexto português, conforme descrito por Cunha (2002).

Um dia, teve um sangramento e foi atendida pela enfermeira. Nosso encontro ocorreu logo após o recebimento da notícia de que estava tudo bem com ela e o bebê. Como de costume, adentrou a sala em silêncio, sentou-se, manteve a cabeça baixa e a cara fechada. Perguntei como ela estava.

— Bem — respondeu ela, calando-se imediatamente após a resposta monossilábica.

Perguntei a respeito do bebê e o silêncio preponderou por alguns segundos. Depois, surgiram lágrimas, que eu jamais havia visto escorrer de seus olhos. Percebi que algo possivelmente estava por vir. De repente, ela desabafou:

— Sabe onde eu estava? Falando com a enfermeira. E sabe o que ela disse? Que o bebê está bem. A senhora sabe quantos filhos eu tenho? Seis. Não faço ideia de onde eles estejam. Nunca fiquei com eles porque eles já eram retirados de mim na maternidade. Nunca tirei nenhum porque achava que era pecado, mas agora não acredito mais em Deus, não acredito mais em nada. Tive um lá em Vespasiano[24]. Eu tive que ficar lá até a criança nascer, mas disse que não ia ficar com ela e voltei pro crack assim que saí de lá. O que eu poderia oferecer para essa criança? E sabe a que eu estou carregando? Eu não sei quem é o pai e não sei nada sobre ela, mas sei que não tem futuro. Minha pena é alta e vão querer me transferir para Vespasiano de novo por conta da gravidez. Eu não queria! Você sabe o que é ficar presa sem receber nada, passando vontade das coisas? Dessa vez, tem um homem que vem trazer umas coisas aqui para mim. Ele nem entra, mas deixa lá na portaria. Eu nunca tive ninguém que fizesse isso para mim não. Não quero perder isso, não quero voltar para Vespasiano! Sabe por que eu tive um sangramento? Porque eu pulei de cima da cama com a barriga no chão várias vezes. As meninas lá da cela tentaram impedir, mas não conseguiram porque eu estava determinada. A senhora quer saber se a criança está bem? Sim, está! A senhora não faz ideia de como é saber que essa criança está bem![25]

---

[24] Centro de Referência à Gestante Privada de Liberdade. Localiza-se na região metropolitana de Belo Horizonte, distante das cidades interioranas.
[25] A história de Janaína leva-nos a refletir sobre a desconstrução da ideia do amor materno como instinto, conforme proposto por Badinter (1985), que demonstrou como este é engendrado e não pode ser concebido como um determinismo. Ao mesmo tempo, ressalta o impacto de fatores sociais em diversos âmbitos, inclusive, no exercício da maternagem.

"Faço qualquer coisa por esse homem!"

A ligação de Aurora com a instituição prisional iniciou-se muito antes de sua reclusão.

Aos 15 anos, conheceu André, o homem para o qual devotaria sua vida. Foi paixão à primeira vista.

— Desde o primeiro momento que eu vi o André, eu queria aquele homem para mim. Não sei explicar bem, mas tinha alguma coisa nele que me atraía muito. Nós começamos a trocar olhares e logo já nos envolvemos. Nunca mais consegui deixar de tocá-lo. Nunca mais esqueci aquele cheiro que me chama. Parece até meio animal, sabe? — Descreveu Aurora.

André sempre foi muito carinhoso e dedicado a ela. Dizia palavras lindas. Seu toque era incomparável. Ao seu lado, ela sentia-se a mulher mais feliz do mundo. Aurora estava convencida: aquilo era amor.

Os momentos de prazer e partilha ao seu lado foram intensos. Ele era traficante de drogas, o que permitia flexibilidade no horário de trabalho. Às vezes, passavam dias e noites se amando quase que ininterruptivelmente:

— A gente só parava para comer e cochilar um pouco — discorreu Aurora.

As promessas de amor eterno e o prazer de cada instante traziam sensações extasiantes. Todavia, duraram pouco. Logo, André foi preso.

Com 16 anos de idade, Aurora só poderia visitá-lo se fosse acompanhada de sua mãe. Ela foi convencida, sem muita dificuldade, a comparecer com a filha todos os finais de semana ao presídio.

O casal não se controlava. Passavam a visita toda trocando carícias, beijando-se. A mãe afastava-se para permitir um pouco mais de privacidade ao casal, mas essa não costumava ser a atitude dos agentes penitenciários, que os afastavam em muitas ocasiões.

— Uma vez, o André levou falta grave[26] só porque a gente se beijou na visita. Tive que ficar um mês sem visitá-lo, sem enviar ou receber cartas. Isso tudo por conta de um beijo. Foi horrível! Quase morri! — Salientou ela.

Para Aurora, a visita social não bastava. Ela queria mais, estava determinada a ter visitas íntimas com o amado. Essa modalidade de visita só poderia ocorrer quando o casal pudesse se casar legalmente, providenciar uma escritura pública registrada em cartório ou sentença judicial declaratória de reconhecimento de união estável. Decidida a enfrentar o mundo para que isso acontecesse, emancipou-se aos 16 anos, com a permissão da mãe, e se casou.

Se muitos homens abandonam suas mulheres após a reclusão e não demonstram disponibilidade para providenciarem a documentação sequer para a visita social, Aurora era a prova de que a mulher que permanece em liberdade não mede esforços para estar com o companheiro.

Após ter providenciado tudo o que era exigido[27], inclusive os exames de saúde de ambos, o casal aguardava ansiosamente a liberação para as visitas íntimas. Sabiam que seriam liberadas em pouco tempo e não se continham de alegria.

Continuavam se encontrando nas visitas sociais, quando tiveram uma grande ideia: ter um filho juntos, fruto do amor intenso que sentiam. Não podiam esperar mais e resolveram tentar concretizar o projeto no banheiro, durante a visita social. O plano deu certo na primeira tentativa, o que é relatado com orgulho por Aurora. O sucesso

---

[26] Nas prisões, os atos das pessoas custodiadas são passíveis de punição mediante a avaliação do Conselho Disciplinar. Segundo o ReNP (2016, p. 59), este "destina-se ao processamento e julgamento das faltas disciplinares cometidas pelos presos, bem como à cominação das devidas sanções administrativas". Muitas das sanções impostas refletem a perspectiva moralista presente nas instituições penitenciárias. Além disso, são frequentemente aplicadas em "laranjas", ou seja, aqueles que admitem os atos de outrem, geralmente mediante ameaças ou como forma de pagamento de dívidas.

[27] Ao contrário do que muitos pensam, as visitas íntimas raramente acontecem no sistema prisional. Estas estão previstas legalmente para ambos os sexos, conforme as seguintes regulamentações: Resolução CNPCP n.º 01, de 30 de março de 1999, que trata da visita íntima; Portaria do Ministério da Justiça (MJ) nº 718, de 28 de agosto de 2017, que regulamenta a visita íntima em penitenciárias federais; e a Resolução CNPCP n.º 04, de 29 de junho de 2011, que recomenda aos Departamentos Penitenciários Estaduais ou órgãos congêneres a garantia ao direito da visita íntima à pessoa presa, recolhida nos estabelecimentos prisionais. Todavia limitações implícitas e explícitas a essa modalidade de visita estão presentes e a inviabiliza na maior parte dos casos (FIGUEIREDO; GRANJA, 2020). Exigências como a escritura pública registrada em cartório ou sentença judicial declaratória de reconhecimento de união estável (ReNP, 2016) e os laudos médicos impedem que a população carcerária usufrua desse direito.

parece ser visto como uma forma de resistência frente ao processo assujeitador do cárcere.

— Tem gente que pensa que eu engravidei na minha primeira visita íntima, mas não foi não! A Alana foi gerada no banheiro do pátio. Ela foi tão desejada e nasceu tão perfeitinha. Ela é linda, não é? — Perguntou-me empolgada.

Na primeira visita íntima, o casal já estava comemorando o fruto gerado. As visitas íntimas continuaram acontecendo mensalmente. Ali era possível reviver os momentos de prazer que tinham guardados na memória.

— Era a melhor coisa do mundo! Quando estava chegando o dia da visita, eu ficava eufórica, nem conseguia dormir na noite anterior de tanta ansiedade. Ficava só imaginando como seria quando a gente se encontrasse. No dia, me arrumava toda para ele, vinha bem cheirosa e trazia tudo o que ele gostava! Ele ficava super feliz! A senhora tinha que ver! — Exclamou Aurora.

Após nove meses, Alana veio ao mundo e seu nascimento foi celebrado pelo casal com muita alegria. Após poucos meses, a menina passou a visitar o pai.

— Era lindo demais ver o carinho dele com a menina! Ele é um paizão! Ficava beijando, abraçando ela a visita toda... E a mim também, né? O André sempre foi muito carinhoso com a gente, não tenho nada o que reclamar dele — destacou Aurora.

André, às vezes, pedia-lhe um favor: o de que levasse drogas à prisão. Ele comercializava-as e ajudava com os gastos da filha. Aurora fez isso algumas vezes. Levou a droga em suas partes íntimas ou escondida junto aos pertences do bebê.

— Sei que ele pedia isso de vez em quando porque queria ajudar. Para ele, era muito difícil ver que a gente estava precisando das coisas e que ele não tinha condições de fazer nada. O dinheiro que ele havia deixado já tinha acabado e era um jeito dele se sentir útil — justificou Aurora.

Contudo, um dia, aquilo não deu certo e ela foi surpreendida durante a revista. O presídio não contava com scanner, submetendo sempre os visitantes a uma visita vexatória, especialmente para as mulheres, que tinham que se agachar três vezes de frente e três vezes de costas enquanto um espelho refletia suas partes íntimas. Mesmo com esse procedimento, das outras vezes, a droga estava muito bem inserida e não foi vista, o que não se repetiu naquele dia. A agente penitenciária logo percebeu algo incomum e encaminhou-a para exame médico, confirmando a suspeita. Aurora, que havia acabado de completar 18 anos, foi presa imediatamente. Alana ficou com a avó materna. André foi transferido para outra unidade prisional em poucos dias.

— Sinto muita falta da Alana, do cheirinho dela. Ainda bem que eu posso vê-la todo final de semana, pelo menos, porque minha mãe sempre traz ela. Mas não me conformo do André ter sido transferido! Por que eles fazem isso? Não é justo! Essa vida não é justa! Não sei como vou conseguir continuar vivendo sem ele! Minha vida não faz sentido sem o André! Tem hora que penso em me matar, mas aí lembro que isso vai acabar e que vamos poder ficar os três juntinhos.

A idealização de um futuro normativo, com uma família nuclear burguesa e heterossexual, permeia o imaginário de muitas mulheres, não apenas aprisionadas. Embora aparentemente paradoxal, no caso de Aurora, até mesmo a decisão de ter um filho com André, que se encontrava preso, possivelmente relaciona-se a esse desejo que sempre esteve presente em sua vida. Proveniente de classe popular, na qual famílias monoparentais chefiadas por mulheres são frequentes, André dificilmente a deixaria como os outros homens com os quais convivia costumavam proceder. Ele provavelmente não iria abandoná-la em função do encarceramento, da situação de dependência estabelecida, da família que constituíram e da dívida eterna diante do seu esforço e sacrifício. Aurora não seria vista como uma mulher sozinha, mas como uma lutadora capaz de bravamente enfrentar a qualquer obstáculo em nome do amor.

Perguntei-a se ela se arrependia de ter levado as drogas solicitadas por André, que tinham acarretado a sua prisão e estava trazendo tanto sofrimento. Ela respondeu:

— Eu sou louca por ele! Ele é o homem da minha vida! Não me arrependo de nada que fiz e faria tudo de novo! Faço qualquer coisa por nossa família, faço qualquer coisa por esse homem!

"Ele é minha doença, mas também é minha cura!"

— A senhora acha que estou com depressão? — Perguntou-me Lara.

— O que te faz pensar isso? – Indaguei-a.

— Ai, senhora Ana, estou arrasada! Não tenho mais vontade de nada! Não como, não durmo, não converso com ninguém e nem saio para o sol! Estou assim desde quando o Fabrício foi transferido.

Lara era uma menina muito cativante. Costumava ser amorosa e carinhosa com todos. Quando estava perto de Fabrício então, derretia-se. Eles foram presos juntos. Eram jovens, namoravam há um ano e eram completamente apaixonados.

— Ele é o homem da minha vida! Tenho certeza! Não sei viver sem ele e ele também diz que não sabe viver sem mim! A gente não desgrudava. A gente dormia abraçadinho, de conchinha. Quando eu acordava e via aquele sorriso, já ganhava meu dia! Ele sempre me colocava para cima! Ele ficava o dia inteiro só me elogiando, sabe? Dizia que eu era linda, que eu era a mulher da vida dele... Ele falava que eu era a costela dele e que sem mim, era como se faltasse um pedaço dele. Eu sentia exatamente o mesmo! — Contou-me suspirando.

Foram presos acusados de tráfico e associação ao tráfico após terem ido entregar drogas a pedido de um amigo. Nunca haviam vendido drogas anteriormente e receberiam uma quantia ínfima para realizarem a entrega. Acharam que não seriam descobertos e que seria uma oportunidade de ganharem dinheiro extra, mesmo sendo pouco.

Após a prisão, Lara e Fabrício ficaram dois meses na mesma unidade prisional, onde se viam aos finais de semana na visita social.

— Ter que esperar uma semana inteira para vê-lo era uma tortura! Sete dias sem ele era tempo demais! — Salientou Lara.

Na prisão, a noção de temporalidade muda. Às vezes, um dia parecem mil anos. Tudo é vivido de forma intensa, profunda. Se para quem está fora dos muros prisionais uma semana parece passar rapidamente, não é o acontece com quem tem que lidar com um cotidiano tenso, triste e desesperador.

Se, para Lara, estava difícil lidar com a espera de sete dias, teria que aprender a lidar com a angústia de aguardar por ainda mais tempo. Ela nem sabia sequer quanto tempo, já que Fabrício foi transferido e o casal ainda não tinha recebido condenação.

— Eu conto os dias e as horas que estou longe dele. Já são noventa e cinco dias e quatro horas. Desde quando ele foi transferido, fiquei assim. Nada tem graça ou sentido. Quero estar com ele a cada instante e dói muito não poder tê-lo. Eu sofro demais! Nem consigo explicar o quanto! Lembro tudo o que a gente viveu, de estar em seus braços, deitada em seu peito. Tento pensar no que podemos viver ainda para conseguir prosseguir. Às vezes, penso que posso estar com depressão por não ter mais vontade de nada, mas na verdade, acho que minha doença tem nome: Fabrício. Ele é minha doença, mas também é minha cura!

"Eu sei que chorar é coisa de mulher, mas não estou aguentando não!"

Assustada, Jade adentrou aos muros prisionais. Branca, com olhos castanhos e longos cabelos escuros, aparentava ingenuidade. Parecia não ter noção da nova realidade que poderia estar aguardando por ela.

Aos 18 anos, foi presa por um assalto. Alguns de seus amigos chamaram-na para participar do roubo de uma casa, que estaria vazia. Ela jamais havia feito algo assim. Pareceu-lhe uma aventura bastante excitante, ao mesmo tempo, temia participar. Respondeu:

— Eu vou, mas vou ficar dentro do carro.

Os rapazes foram surpreendidos pela dona da casa. Resolveram levá-la a um banco para sacarem seu dinheiro, já que não haviam encontrado nada muito valioso lá dentro. Jade, que estava no carro, foi junto.

— Eu não queria estar ali! Eu nem ia ganhar nada com aquilo! Tudo o que eu fiz naquele momento foi tentar acalmar aquela senhora. Eu dizia: "Calma, ninguém vai fazer mal para a senhora. Vai ficar tudo bem" — contou-me Jade aos prantos.

Jade tinha uma namorada. Certa vez, mostrou-me uma foto dela.

— Ela quer muito vir me ver, senhora. O problema é que não somos nada, né? Eles só deixam entrar parentes. Estamos pensando em nos casar para que ela possa vir e ela disse que vai providenciar a documentação. Ela não é linda? — Perguntou-me.

Casamentos são realizados frequentemente em presídios para que as visitas possam acontecer, conforme já mencionado anteriormente. Algumas vezes, ocorrem até mesmo entre pessoas desconhecidas. Geralmente, entre pessoas que já se relacionavam, mas jamais haviam planejado ou pensado nessa hipótese anteriormente. Elas acabando criando um laço dificilmente desfeito, o que traz uma série de implicações. Quem topa correr esse risco, providenciar toda a documentação e arcar com as despesas financeiras do casamento, na maioria das vezes, são as mulheres que permanecem em liberdade, treinadas para serem cuidadoras em nossa sociedade.

Esse não foi o caso da namorada de Jade. A documentação jamais foi providenciada por ela e suas cartas pararam de chegar. Jade ficou desolada, não entendia o motivo do abandono e não queria ter que lidar com a rejeição. Por um tempo, procurou negá-la:

— Ah, ela deve estar muito ocupada ou algo assim, mas tenho certeza que ela ainda virá! Ela não me deixaria aqui sozinha — afirmou Jade.

Pouco tempo depois, a visita social foi liberada para amigos. Jade mandou o recado para a namorada por meio da mãe. Seria a chance do reencontro. Este jamais aconteceu, trazendo uma dor indescritível à Jade.

— Eu não acredito que ela não vem! Eu não acredito! — Disse-me enquanto chorava desesperadamente.

Diante da perda, passou pelas fases de protesto, desespero e desapego[28]. O choro era intenso e sua vida no cárcere passou a ser regada a lágrimas:

— Eu não consigo parar de chorar nesse lugar! Acordo chorando, como chorando, durmo chorando...

Ficou desesperada e demonstrava uma profunda tristeza. Com o tempo, buscou desligar-se emocionalmente da ex-namorada e mudanças significativas ocorreram em seu comportamento.

Após cerca de um ano de aprisionamento, Jade mudou drasticamente sua imagem. Cortou os cabelos bem curtos; pediu uma camiseta mais larga; customizou as calças do uniforme prisional vermelho para que se parecessem com uma bermuda, mesmo tendo sofrido uma sanção disciplinar por isso. Até mesmo sua forma de andar foi modificada, tendo deixado para trás os passos tipicamente femininos, segundo as normativas sociais. Jade também assimilou completamente a cultura prisional e passou a utilizar as gírias da cadeia, um processo conhecido como prisionização[29]. Abandonou a

---

[28] Para maiores informações, acessar Bowlby (1969).
[29] Conceito cunhado pelo autor estadunidense Donald Clemmer (1958). Sobre esse fenômeno no contexto prisional brasileiro, sugere-se a leitura de Silva (2017).

fragilidade e a sensibilidade que traziam lágrimas aos seus olhos frequentemente. Investiu em uma postura que denotava força. Já parecia nem se lembrar da namorada que tanto a havia feito sofrer. Passou a fazer sucesso na única cela feminina do presídio.

— Eu estou podendo escolher, senhora! Não sei o que aconteceu, parece que agora todas me querem — descreveu Jade.

Teve um breve relacionamento com uma das mulheres da cela que jamais havia se envolvido com outra mulher. Padrões heteronormativos eram reproduzidos na dinâmica do relacionamento. Enquanto Jade tinha privilégios e uma posição de domínio na relação, Mariana comportava-se de maneira passiva e submissa, conforme prescrições sociais de gênero.

— Ela faz tudo o que eu mando, senhora. Ela lava minhas roupas, arruma a nossa cama. Além de fazer tudo o que eu peço, ela não faz aquilo que eu impeço. Esses dias, eu falei para ela não conversar mais com uma menina lá e ela parou na hora. Dá para ver que ela está caidinha por mim — descreveu.

A mudança havia lhe trazido poder não apenas sobre Mariana, mas sobre toda a cela. Jade ganhou uma posição de prestígio e sua palavra passou a ser acatada por todas. Também percebeu que passou a ser desejada pelas demais mulheres. Ela gostava da companhia de Mariana e, sobretudo, das vantagens adquiridas nessa nova fase.

Após três meses de relacionamento com Mariana, ela foi liberta, ocasionando o fim do relacionamento. Em liberdade, Mariana voltou a manter relacionamentos heterossexuais. Já Jade, embora entristecida pela perda de sua parceira de todos os instantes, não se importou tanto com a separação imposta. Supunha que seria a oportunidade de estar com as outras meninas que a paqueravam descaradamente. Ela não estava errada. Logo, passou a se sentir como se estivesse em um harém.

Pouco tempo depois, Jade foi transferida para outra unidade prisional como castigo. Suspeitava-se que a mãe de Jade estaria trazendo drogas para a filha durante a visita para que ela as comercializasse na prisão. Embora nada tenha sido comprovado, a transferência ocorreu. Na outra unidade, ficou privada de enviar ou receber correspondências, sair para o banho de sol ou receber visitas. Foram trinta dias confinada em uma cela sem possibilidade alguma de contato com o mundo externo.

Mesmo não estando prevista pelos Regulamentos e Normas de Procedimento do Sistema Prisional de Minas Gerais – ReNP (2016) como sanção disciplinar, a transferência ainda é utilizada como forma de controle da população carcerária[30] e temida por todos. Ninguém deseja passar por uma readaptação, ficar longe da família ou correr o risco de ir parar em algum lugar ainda pior.

Na unidade prisional para a qual foi, Jade viveu um novo romance. Durou apenas um mês, mas foi intenso para a namorada, que se entregou totalmente ao relacionamento e dizia desejar permanecer com Jade para sempre. Esta foi com calma e não fazia promessas de amor eterno à namorada, já que não intencionava levar o relacionamento adiante. De qualquer forma, sua autoestima estava elevadíssima. Era bom perceber que, embora a ex-namorada a tivesse deixado, outras mulheres a desejavam e estavam dispostas a tudo para estarem ao seu lado.

Mal retornou à unidade prisional de origem e recebeu uma nova falta grave. Mais uma vez, foi transferida. Dessa vez, para uma terceira unidade prisional, onde viveu uma história bem semelhante.

— Senhora, todas me queriam! Eu me envolvi com uma moça, mas foi mais para curtir, sabe? Ela se apaixonou perdidamente. Já até me enviou uma carta falando que, se eu quiser, vai deixar o marido dela para ficar comigo — descreveu Jade.

Até então, ela não havia vivido uma paixão intensa na prisão. Provavelmente, ainda estava curando-se da dor do abandono e aproveitando momentos.

— Eu estou passando o rodo! — Disse-me risonha certa vez.

Ao retornar, percebeu que Sueli passou a demonstrar interesse por ela. Estavam na mesma cela desde o início da reclusão, mas nenhum desejo havia sido demonstrado anteriormente.

Sueli era a única mulher da cela que pertencia ao PCC. Seu histórico de privação de liberdade era longo, assim como sua experiência de vida. Aos 35 anos, tinha sete filhos e já era avó. Presa por tráfico de drogas e reincidente, teria uma longa pena a cumprir. Sempre se declarou heterossexual. Trocava correspondências com vários homens,

---

[30] Embora, segundo o ReNP (2016), a transferência para outra unidade prisional não esteja prevista como sanção disciplinar, possivelmente devido ao grande poder conferido à direção e à falta de fiscalização dos estabelecimentos penais, ela ocorre costumeiramente.

reclusos em diferentes presídios do estado. Não tinha compromisso com nenhum deles, pois não queria se submeter às regras de ninguém.

— Sou vida louca, não quero apego — dizia ela.

Jamais havia se envolvido com outra mulher ao longo dos anos que cumpriu pena de prisão e nem queria.

— Eu gosto é de homem! Tem coisa melhor? — Perguntou-me com ar de travessura em certa ocasião.

Não sabe explicar o que aconteceu, mas subitamente mudou de ideia:

— De repente, me apaixonei por Jade — disse Sueli sem compreender como aquele sentimento havia surgido.

Sueli não tinha tempo a perder. Assim que percebeu o desejo por Jade, investiu todas as suas forças naquela conquista. Deu certo!

O relacionamento entre Jade e Sueli tornou-se comentário no presídio.

— Meu Deus, fui à cela levar a alimentação e vi Jade e Sueli aos beijos. Será que eu estava delirando? — Perguntou-se Marli, agente penitenciária que conhecia a vida de ambas de perto, descrente de sua visão.

De fato, aquele relacionamento parecia improvável. Naquele presídio, os homens não aceitavam relacionamentos homoafetivos entre eles e, muito menos, entre as mulheres. Quando aconteciam na cela feminina, eram mantidos em total sigilo por elas, com medo de retaliações. Como Sueli, a única mulher do PCC, estava descumprindo essa regra tão descaradamente?

— Eu não estou mais nem aí para os irmãos, para PCC, para nada. Querem me bater? Querem me matar? Eu tô aqui, olha! Que venham e me matem — disse afrontosamente.

Dispostas a enfrentar tudo e todos, não escondiam o relacionamento de ninguém e causavam espanto até mesmo entre as mulheres encarceradas.

— É o dia inteiro uma grudada na outra, agarrando a outra em tudo que é lugar! Elas perderam a noção — disse-me uma mulher aprisionada.

O relacionamento improvável foi intenso.

— Nunca estive tão apaixonada! Isso nunca aconteceu com homem nenhum — disse-me Sueli.

Jade confidenciou-me:

— Senhora, parece que eu estou nas nuvens! Acho que nem a minha ex eu amei tanto assim!

Foram exatamente trinta dias de entrega total. Jade, que contava até as horas ao lado da amada, disse-me:

— Passei 720 horas vivendo uma paixão intensa com a mulher da minha vida.

O romance foi interrompido quando Sueli foi transferida para outra prisão permanentemente, sem nenhuma justificativa.

Sueli, ao adentrar na viatura, proferiu gemidos inexprimíveis que se misturaram aos seus gritos:

— Não! Eu não quero ir! Não façam isso comigo, eu imploro!

Como a cela feminina localizava-se próxima à saída do presídio, Jade escutou-os. Ao perceber o que estava prestes a acontecer, revoltada, também começou a gritar incessantemente. Assim que a partida de Sueli foi confirmada, ela solicitou um atendimento. Não sabia se aguentaria outra perda, outro rompimento. Quando atendi seu pedido, ao entrar na sala, desabou e disse-me:

— Nunca senti tamanha dor! Eu sei que chorar é coisa de mulher, mas não estou aguentando não!

"Isso foi um cisco que caiu nos meus olhos!"

As marcas deixadas no corpo de Pâmela não são nada comparadas àquelas que foram deixadas em sua alma. As fraturas em seu braço e a dificuldade ao andar revelam a superação de uma mulher que quase foi assassinada. Foram tantas lágrimas ao longo da vida que, às vezes, elas pareciam se secar. Outras vezes, embora inevitavelmente rolassem por seu rosto, eram acompanhadas pela negação da dor, provavelmente um mecanismo de defesa e estratégia de sobrevivência em meio a tanto sofrimento.

Pâmela foi abandonada pela mãe aos 6 anos de idade. A mãe, garota de programa e toxicodependente, faleceu logo em seguida ao ter uma overdose. Não foi possível despedir-se da mãe ou participar do velório, ritual que muitas vezes pode ajudar no processo de elaboração do luto[31].

O pai tornou-se o responsável por seu cuidado e de seus irmãos. Diante da negligência paterna e dos maus tratos da madrasta, eles foram para a rua, onde Pâmela enfrentou inúmeras dificuldades. Aos 7 anos, teve o primeiro contato com as drogas. Em pouco tempo, tornou-se alcoolista e toxicodependente. Aos 9 anos de idade, conheceu o crack e foi inserida na prostituição, repetindo a atividade profissional da mãe à qual recriminava, sendo que sua primeira relação sexual aconteceu durante um programa.

— Eu fiz porque quis! — Disse-me Pâmela.

Embora afirmasse uma escolha pessoal, esta pode ser questionada. Afinal, as alternativas disponíveis para sua sobrevivência e aquisição de drogas eram escassas. Talvez ela não tivesse consciência dos diversos fatores sociais envolvidos na sua "escolha", mas eram muitos: já havia evadido a escola há algum tempo; não contava com nenhuma rede de apoio; não tinha acesso a recursos materiais e

---

[31] Para maiores informações, acessar Franco (2002).

precisava alimentar-se e suprir suas necessidades. Sobre a primeira experiência sexual, contou-me:

— Foi muito ruim e vergonhoso, ainda mais porque o rapaz contou para os meus amigos de rua. Eu morri de vergonha!

Para Pâmela foi uma situação humilhante e vexatória. Em sua vida, o sexo não foi iniciado associado ao prazer. Como representá-lo positivamente quando ocorre sob essas circunstâncias?

O ciclo vivenciado na infância de Pâmela prossegue da mesma forma até os dias de hoje:

— Desde criança, eu já ia presa nesses programas socioeducativos para crianças e adolescentes, sabe? Sempre foi assim! Eu fico um tempo na rua, um tempo na cadeia. De vez em quando, até arrumo uma casinha, mas sempre dura pouco. Para comer, sempre roubei e me prostitui, mas nunca gostei não. Tem quem goste, mas no meu caso é só para sobreviver mesmo. Aliás, só consigo fazer programa quando estou louca de droga. Aí, fico sempre bebendo e usando drogas, acho que é minha válvula de escape. Sempre arrumo uns companheiros desse meio; eles são como eu: usuários de drogas, do crime, vivem na rua. Tento mudar de vida toda vez que saio da cadeia, mas nunca dá certo. Essa já é a décima terceira vez que estou aqui.

O mesmo ocorreu no que se refere às gestações que teve:

— Com 11 anos, ao invés de estar segurando uma boneca, eu estava com um bebê nas mãos — disse-me.

Desde então, foram seis gestações. Pâmela não permaneceu com nenhum de seus filhos. A dor e a culpa pelo não exercício da maternagem são tão angustiantes que Pâmela evita o assunto. Como não cuidar dos próprios filhos em uma sociedade que determina esse cuidado como responsabilidade quase que exclusiva das mulheres[32]? Como suportar a angústia de repetir os comportamentos da mãe aos quais tanto repudiava?

— Nem gosto de falar muito nesse assunto. Eu não quis me apegar muito às crianças quando nasceram porque já sabia que não iriam ficar comigo. Apegar para quê? Para sofrer depois? — Perguntava-se.

Quanto aos relacionamentos afetivos, esses sempre foram caracterizados pela dominação dos companheiros e por múltiplas formas

---

[32] Mais uma vez, recomenda-se a leitura de Badinter (1985).

de violência, inclusive exploração financeira. Sobre um dos relacionamentos, contou-me:

— Eu fazia programa para levar o dinheiro para casa e não apanhar.

Foi ao longo desse relacionamento que sofreu um atropelamento automobilístico que intencionava tirar a sua vida. Ao ser confundida com uma colega de profissão que havia acabado de roubar a carteira de um homem ao invés de fazer o programa que havia prometido, ele atropelou-a duas vezes consecutivamente, deixando marcas visíveis em seu corpo, dificuldade para andar e realizar movimentos com um dos braços. No hospital, descreveu ter recebido o seguinte recado do companheiro:

— Ele mandou dizer que não ia me visitar não, que não mandou ninguém sofrer acidente e ficar aleijada numa cama de hospital.

O ciúme excessivo e possessividade marcaram outros relacionamentos que teve. Quando saía de casa com um dos companheiros não podia sequer olhar para frente.

— Eu tinha que andar sempre com a cabeça baixa — relatou Pâmela.

Quando presa, jamais recebeu visitas dos companheiros ao longo das reclusões e procurava não criar expectativas a fim de evitar a frustração.

— Nunca esperei por isso não! Sei que homem não vem visitar na cadeia mesmo. Quem corre com homem preso é só a mulher; o contrário não acontece não! — Afirmava.

Aparentemente, as expectativas sociais de gênero, ao depositarem sobre a mulher a responsabilidade pelo cuidado, contribuem para o cenário observado na maioria das prisões, nas quais homens aprisionados recebem visitas de mulheres: companheiras, mães e irmãs[33]. Muitos chegam a iniciar novos relacionamentos com mulheres que estão em liberdade e se disponibilizam a enfrentar todas as dificuldades existentes para manterem relacionamentos com eles. O mesmo não acontece com as mulheres aprisionadas que enfrentam uma dupla punição[34]: são castigadas pelo crime cometido e, acima de

---

[33] Sugere-se a leitura de Granja (2015) e Lemgruber (2010).
[34] A dupla punição incidida sobre as mulheres aprisionadas é descrita por autoras como: Carvalho (2014), Carvalho e Mayorga (2017), Cunha (2018), França (2014), Figueiredo (2019, 2020), Granja (2015).

tudo, por não cumprirem o papel esperado socialmente das mulheres, que exige delas docilidade, passividade e submissão. Com a prisão, não cumprem os papéis esperados de mães e esposas dedicadas. A transgressão às normativas de gênero acarreta frequentemente o abandono doloroso vivenciado durante o cumprimento da pena pelos familiares e companheiros. Novos relacionamentos podem até se iniciar entre as grades, mas com homens que também estão encarcerados. Raramente um homem que se encontra em liberdade enfrenta os obstáculos prisionais a fim de se engajarem em novos relacionamentos com mulheres presas. Elas nem sequer chegam a criar expectativas acerca dos antigos companheiros, muito menos algum tipo de esperança nesse sentido.

Pâmela já havia sido presa com alguns de seus companheiros. Nesses casos, até mesmo suas correspondências eram fiscalizadas e deveriam se dirigir exclusivamente a eles. O medo da infidelidade e a consequente perda da honra dos homens nesse contexto parecem aterrorizá-los e fazê-los exercer todas as formas de controle possíveis sobre as mulheres[35].

— Quando a gente vem presa com nosso homem, não pode nem olhar para o lado lá no pátio, no banho de sol. Mas eu já me acostumei — descreveu Pâmela.

A dominação do homem chega a ser naturalizada.

Dessa vez, Pâmela estava presa com o atual companheiro. Eles se conheciam há muito tempo, já que Pâmela relacionava-se anteriormente com o irmão dele. Desde quando era seu cunhado, sentia-se atraída por ele, mas demoraram a se engajar em um relacionamento.

— Foi paixão à primeira vista! Não posso nem olhar para ele que me arrepio toda! É assim desde a primeira vez que o vi! Com o irmão dele, era diferente. Sempre tive e tenho muito carinho por ele, mas é um sentimento mais fraternal. Não tem esse desejo, esse tesão, entende?

Embora Pâmela o desejasse, Cláudio apresentou resistência inicialmente.

— Ele gosta demais da liberdade dele! Foi difícil conquistar esse homem — salientou ela.

---

[35] Para maiores informações, acessar: Figueiredo (2019, 2020), Granja (2015), Touraut (2012).

Na prisão, trocavam correspondências, olhares e conversavam através da janela de sua cela, que ficava em frente ao pátio no qual acontecia o banho de sol.

— Ah, eu fazia de tudo para pelo menos olhar para aqueles olhos, né? E eu já até tremia por dentro. Nossa, só de ver aquela boca, aquele corpo... E quando eu escutava aquela voz então, eu ficava louca!

Eles pretendiam se casar a fim de terem visitas sociais juntos, já que esta havia sido negada pela administração prisional.

— A gente ia se casar semana que vem, mas ele saiu ontem — contou-me tentando disfarçar sua decepção.

Pâmela estava disposta a tudo para poder estar mais perto do amado. Todavia o recebimento do alvará de soltura impossibilitou a concretização dos planos do casal.

— Agora eu sei que ele nem vem me visitar, né? Ele diz que vem, mas a senhora acha que eu vou acreditar? Agora acabou tudo! Eu perdi aquele homem! Se o reencontrar, só se for na rua — disse-me.

Limpando as lágrimas que caíam do rosto, afirmou:

— Eu não estou triste não, já sabia que isso podia acontecer. E eu não estou chorando não; isso foi um cisco que caiu nos meus olhos[36].

---

[36] A não expressão dos sentimentos é uma estratégia comumente utilizada pelas pessoas com estilo de apego evitativo, que visam evitar o contato com a dor e o sofrimento (HAZAN; SHAVER, 1987).

"Antes a mãe dele chorar do que a minha!"

Assim como Pâmela, Paula sempre teve relacionamentos hierárquicos nos quais os homens tinham muitos privilégios e ela costumava ser submissa. Desde a adolescência, suas interações foram marcadas por múltiplas violências: violência física, psicológica, sexual e exploração financeira[37].

— Todos os meus ex-companheiros eram ciumentos, me batiam e não me deixavam sair de casa, a não ser para trazer dinheiro para eles. Sexo tinha que ser na hora que eles quisessem. Se algum dia eu estivesse cansada ou sem vontade, tinha que fazer do mesmo jeito. Eu me sentia como se fosse um depósito, uma privada. Eu só ficava ali esperando eles terminarem logo e não via a hora daquilo acabar — descreveu Paula.

Infelizmente, relatos como os dela eram os mais comuns no contexto da criminalidade. Naquele momento, seu marido estava cumprindo pena em outro estabelecimento prisional.

— O Igor está na penitenciária, né? Ele vai ficar lá por muitos anos. Desde quando ele foi preso, eu já vim e voltei algumas vezes. Eu sempre quis separar dele, mas ele não deixa. Ele nunca me deu o aval, me interdita e eu não posso corresponder com ninguém na cadeia. Ele diz que eu sou dele e pronto. Até na rua, morro de medo de ficar com alguém e ele descobrir. O jeito é obedecer — comentou.

A história do casal iniciou-se quando Igor estava foragido.

— Eu não sabia exatamente o motivo de ele ter sido preso. Sei que, no começo, ele parecia ser muito diferente dos outros porque ele me tratava muito bem e ele nem falava as gírias de cadeia — descreveu ela.

Na ocasião, Paula estava em situação de rua e Igor levou-a para morar com ele. Foi apresentada à sua sogra e descobriu que o

---

[37] Para maiores informações acerca das violências múltiplas, sugere-se a leitura de: Hope *et al.* (2001); Finkelhor, Ormhod, Turner e Hamby (2005).

marido já havia matado cerca de 10 pessoas, muitas vezes, por motivos irrelevantes. A pena que estava cumprindo era por homicídio quando decidiu não retornar à penitenciária após uma saída temporária.

— Eu fiquei chocada porque ele me tratava bem, sabe? Ele não parecia ser uma pessoa capaz de matar outra — afirmou Paula.

Até então, não tinha muitas queixas dele. Assim, resolveu continuar o relacionamento, que ia relativamente bem.

— Um dia, ele pediu para eu fazer um macarrão com salsicha que ele estava com vontade de comer. Eu fui fazer e ele foi num galpão lá atrás do barracão que a gente morava. Ele estava demorando demais, aí eu resolvi ir ver o que estava acontecendo. Quando cheguei lá, ele não quis me deixar entrar e eu pensei que era porque ele estava com mulher. A gente sempre pensa nisso, né? Só que não era não! Antes fosse! No que eu entrei, ele começou a matar um cara por conta de rolo com droga na minha frente. Ele deu oito machadadas na cabeça do cara e depois deu umas pauladas na cabeça dele até o cérebro explodir. Eu já tinha visto gente morrer até por conta de 10 reais de dívida de droga, sabe? Mas não foi daquele jeito não! Nossa, ele matou friamente. Eu fiquei chocada!

Mesmo espantada, ela não queria voltar para a rua e optou por continuar com Igor como se nada tivesse acontecido. Logo depois, descobriu que estava sendo traída. Furiosa, decidiu dar o troco com o melhor amigo dele.

— Eu queria me vingar! Porque eu fazia tudo para ele, eu fazia tudo o que ele me mandava. Não tinha o porquê dele fazer isso comigo — afirmou Paula.

Igor soube da traição e assassinou o melhor amigo na sua frente.

— Ele matou diante dos meus olhos e cruelmente de novo. Cortou todas as juntas dele, passou um arame farpado no pescoço e jogou ele dentro do poço vivo. Ele disse que só não ia me matar também porque eu estava grávida de um filho dele — relatou Paula.

— E como você se sentiu ao presenciar isso? — Perguntei.

— Ah, eu dei graças a Deus de ter ficado viva, né? Antes a mãe dele chorar do que a minha!

"Eles não têm ideia do que é a abstinência de amor!"

Ingrid era simplesmente deslumbrante. Tirava o fôlego dos homens por onde passava. Não era apenas por sua beleza, mas por seu jeito sensual, autoconfiança, olhar profundo, rebolado ao andar. Ela não andava, desfilava. Diferia-se profundamente das demais mulheres aprisionadas por ter uma família de classe média, um alto nível de escolaridade e, acima de tudo, por sua segurança pessoal.

Foi presa com o companheiro Cristiano, que já não causava o mesmo impacto com sua presença. Não eram do mundo do crime. Estavam ali porque foram flagrados na primeira tentativa de comercialização de drogas de Cristiano. A namorada estava com ele no carro, mas não tinha conhecimento do que ele estava fazendo.

Ingrid era seu maior tesouro, mas também sua maior fraqueza. O medo de perdê-la e a insegurança aterrorizavam-no[38]. Ao contrário dos demais homens aprisionados, que geralmente eram autoritários e impunham o controle às parceiras, ele tentava conter-se. Queria que o relacionamento com ela se mantivesse e, por isso, a guerra acontecia geralmente em seu interior. Ficava até doente ao pensar que um dia poderia não mais ter sua joia preciosa. Também usava as doenças na tentativa de mantê-la por perto, cuidando dele.

Ingrid permaneceu na cadeia por pouco tempo, apenas três semanas. Durante esse tempo, o casal teve visitas juntos e trocavam correspondências. Ela gostava muito do namorado. Todavia percebia suas tentativas de controle mais sutis, assim como sua insegurança. Ele não conseguia disfarçar, por mais que tentasse. Desconfiava de

---

[38] Cristiano apresentava características semelhantes às encontradas em indivíduos com o estilo de apego ansioso-ambivalente. Estes percebem o amor como uma preocupação, buscam a união, intimidade e aprovação de seus parceiros constantemente (HAZAN; SHAVER, 1987).

tudo e todos. Quando estavam em liberdade, seguia seus passos e ia sempre ao seu encontro nos locais em que ela dizia estar.

— No começo, eu achava que era porque ele estava com saudade. Depois, percebi que ele ia só para verificar se eu estava dizendo a verdade. Ele me controlava e fingia que era amor — comentou Ingrid.

Fazia perguntas a respeito de seus amigos e até familiares. Suspeitava que todos a desejavam loucamente, assim como ele. Ingrid tinha sempre um interrogatório minucioso a responder.

— Mesmo com tudo isso, eu sempre amei o Cristiano e nunca havia pensado em deixá-lo, mas agora ele passou dos limites. A senhora vê todo o sofrimento que eu passo aqui, né? Nunca sofri tanto, nunca me senti tão aflita e agoniada! Só Deus sabe o que eu enfrento dentro desse lugar! Eu nunca nem tinha pensado em vir parar aqui e a responsabilidade disso é dele. Sei que ele também sofre e que se culpa porque ele fica se desculpando toda hora. Eu já o perdoei de coração. Ele se precipitou, mas sei que nunca quis fazer mal para mim. Aqui, de fato, a gente até se aproximou porque um cuida do outro. Mas agora sabe o que ele foi capaz de me dizer? Que ele nunca foi tão feliz quanto tem sido aqui na prisão. E sabe por quê? Porque aqui ele tem a certeza de que eu sou só dele. Depois, ele ainda comentou que eu só deveria tomar cuidado porque as meninas da cela poderiam querer dar em cima de mim. Ele é doente, ele precisa se tratar! E não quero um homem desses para a minha vida não. Quero um parceiro que me motive, um homem seguro, até porque ele nunca teve motivos para desconfiar de mim. Perdoei por ele ter me feito vir parar aqui, mas não é isso que eu quero para minha vida! Eu sei que quero terminar com ele, mas aqui, nessa situação, não tem como. Fico com medo de magoá-lo. Se eu sair antes dele, também não sei se vou ter coragem de deixá-lo aqui, mas tenho certeza de que não quero mais, isso já está definido no meu coração.

De fato, Ingrid saiu antes de Cristiano, que ficou desolado.

— Eu tento parar de pensar no que ela está fazendo, mas não consigo. É só nisso que penso o dia todo, o tempo todo. Eu aqui trancado, fico imaginando que ela está com outro na cama. Chega sexta e sábado à noite, fico desesperado. Penso que ela está se arrumando para sair com outro, imagino ela passando a chapinha no cabelo, se maquiando, só para ficar bonita para outro cara. Depois, penso que tem outro beijando ela, passando a mão no corpo dela, transando com ela. Isso me corrói por dentro, mas não consigo tirar isso da cabeça — disse-me Cristiano aflito.

Além de abrir-se comigo, resolveu contar sua luta interna para a namorada. Disse que estava feliz por ela estar em liberdade e indo visitá-lo, mas que estava sendo muito difícil para ele. Reafirmou que os dias mais felizes da sua vida e os únicos nos quais ele teve paz tinham sido aqueles nos quais estavam juntos na prisão. Ingrid, mesmo com o coração partido, resolveu romper o relacionamento. Disse que iria sempre visitá-lo, mas como amiga porque não queria deixá-lo desamparado. Todavia já não tinham mais nenhum compromisso. Desesperado, Cristiano perguntou:

— É por que você está saindo com alguém lá fora, não é? Eu sabia! Mas não tem problema. Pelo amor de Deus, fica comigo! Eu topo ser seu amante!

Ingrid não acreditava ter escutado aquilo e Cristiano não conseguia entender como havia proferido aquelas palavras. Se esse parecia ser seu maior medo, como poderia submeter-se a essa situação? No atendimento, em vazio e desespero, relatou-me:

— Eu não queria ser do jeito que eu sou, mas não consigo ser diferente. Eu não queria gostar tanto dela, mas ela não sai da minha cabeça. Eu não queria ter ciúme, mas é incontrolável. Eu só não poderia perdê-la de jeito nenhum. Eu desejava ficar com ela e tê-la para mim, era só isso. Ao invés dela reconhecer meu amor incondicional, aí que ela ficou mais brava.

— Como foi reação dela? — Perguntei.

— Quando eu falei sobre ser seu amante, ela disse que nunca mais voltaria, nem como amiga. Pior que já faz um mês e ela não voltou. Toda visita, eu fico imaginando que ela pode aparecer. Vou ao pátio ansioso para vê-la, mas ela não chega e eu fico desesperado. Ela manda algumas coisas pela minha mãe e minhas irmãs e também me envia carta, mas como amiga. Do que adianta isso? Eu quero ela para mim. Acho que perdi a mulher da minha vida e não existe coisa pior. Fico vendo os caras lá na cela sofrendo por causa de abstinência de drogas. Eles não têm ideia do que é a abstinência de amor!

"Fui duplamente trancada!"

Bianca tinha 19 anos e pureza no olhar. O rosto de anjo fazia contraste com o corpo sensual e os lindos cabelos negros. Era impossível não reparar na beleza da moça. Foi presa com seu companheiro Pablo, traficante de drogas. Tinham um filho de um ano pelo qual era apaixonada.

— Eu me arrependo tanto de ter sido conivente com tudo isso! Eu sei que não tem desculpa. Eu venho de uma família muito humilde, sabe? Eles me ensinaram bons valores e eu estava seguindo tudo direitinho. Terminei o Ensino Médio e fui trabalhar, mesmo com filho pequeno. Quase morri para me separar dele, mas fui. Primeiro, trabalhei em uma padaria. E eu morava em cidade grande, né? Para chegar lá às cinco, saía de casa às três e meia. Era assim todos os dias! Eu vivia exausta! Chegava e ia cuidar dele, mas parecia que eu não tinha mais disposição. Depois, consegui um emprego no shopping como vendedora. Achei que as coisas poderiam melhorar, mas também era difícil demais! Eu trabalhava nos finais de semana, não conseguia sair e nem dar atenção para o meu filho ou para o Pablo porque eu estava sempre cansada. E a senhora precisava ver o tanto que eu era humilhada pelas clientes, sabe? Todas me tratavam com aquele ar de superioridade. Eu me sentia humilhada, estava muito cansada e ficava triste de não poder ficar tempo suficiente com meu filho. Quando eu fiquei sabendo que o Pablo estava traficando, eu nem acreditei...

— E como foi sua reação? — Perguntei-lhe.

— Eu fiquei muito brava com ele! Ele estava escondendo de mim há algum tempo, mas eu fui desconfiando, sabe? Eu não conformava que ele estava fazendo aquilo! Mas aí, depois, ele foi conseguindo progredir e eu fui vendo que as coisas poderiam melhorar. O Pablo via o tanto que eu estava cansada e disse que eu não precisaria mais trabalhar, que era para eu cuidar do nosso filho. Ele conseguiu uma casa para morarmos nós três como a família que eu sempre tinha sonhado. Meus pais eram pessoas de bem, mas ficavam intrometendo nas nossas vidas. Minha mãe ficava com o Rafael e eu sou grata, mas ela vivia jogando na minha cara que eu não tinha que ter arrumado filho tão nova e sem casar, que tinha sobrado tudo para ela. Achei ótimo sair da casa deles e poder ficar com o Rafael o dia inteiro. Acabei aceitando tudo, mas eu juro para a senhora que eu mesma nunca pus a mão em droga. Eu nem queria saber direito o que ele fazia, procurava nem tocar no assunto. De repente, acharam droga na nossa casa e a gente veio preso e aí que eu tive que ficar longe do Rafael mesmo, né? Meus pais ficaram tão decepcionados que nunca vieram na visita. Eu pedi pra eles trazerem pelo menos o Rafael para eu ver, mas eles falam que aqui não é lugar para criança. Agora, estou aqui sozinha. A única pessoa que eu vejo é o Pablo aos finais de semana, mas estou entrando em depressão sem meu filho.

Pouco motivada para prosseguir e vivendo a rotina prisional enfadonha, teve a chance de trabalhar na faxina e prontamente aceitou.

— Não aguentava mais ficar o dia inteiro na cela sem fazer nada, só pensando no Rafael. Agora, pelo menos, eu me distraio um pouco. Está sendo muito bom para mim — comentou.

Já era possível até ver um sorriso naquele rostinho pelo qual só escorriam lágrimas anteriormente.

Ficou uma semana exercendo as atividades laborais que a distraíam e possibilitavam a redução de um dia da pena para cada três trabalhados[39]. Assim, teria a chance de reencontrar o filho mais cedo, seu maior desejo. De repente, sumiu dos corredores do presídio e me enviou um bilhete solicitando atendimento. Quando chegou, já não se via mais nenhum sorriso estampado em sua face. Chorando, disse-me:

— Já estou aqui presa por culpa do Pablo, mas para ele não basta eu estar trancada no presídio, tenho que ficar trancada na cela. Quando ele soube que eu estava na faxina, ficou furioso. Disse que não era para eu conviver com guarda não. Ele falou que sabia que eles

---

[39] É importante refletir a respeito das atividades laborais nas prisões, especialmente as disponíveis para as mulheres. Muitas vezes, são raras as oportunidades de trabalho no cárcere e elas relacionam-se à tentativa de se (re)instalar a domesticidade na mulher, já que costumam estar ligadas às atividades exercidas em âmbito doméstico, como faxina e artesanato, refletindo normativas de gênero socialmente construídas (CARVALHO, 2014; CUNHA, 1994). Seria de extrema relevância a qualificação profissional e a disponibilização de atividades laborais que realmente contribuíssem para a atuação no mercado de trabalho formal após a conquista da liberdade (AMARAL; BARROS; NOGUEIRA, 2016; CARVALHO, 2014).

ficariam olhando para mim e que não me queria de conversa com eles. E daí eles olharem, né? Eu não ia dar moral e isso que importa. Só que ele me proibiu de continuar trabalhando e até de tomar banho de sol. Agora, só posso ficar na cela. Fui duplamente trancada!

"O SENHOR AINDA VAI ME TER"

Certo dia, estava tomando café, quando chegou Leonel, agente penitenciário. Eu havia acabado de encerrar uma reunião do grupo terapêutico que acontecia no pátio e quase precisei realizar uma pausa na atividade que estava desenvolvendo com as mulheres quando ele foi subir as escadas da guarita próxima dali. Elas olhavam atentamente para ele; os olhares não disfarçavam o desejo.

— Fico até sem graça de subir aquelas escadas quando as presas estão lá. Às vezes, é complicado trabalhar num presídio misto — comentou timidamente Leonel.

Contou-me a história de um agente penitenciário que havia se apaixonado por uma mulher encarcerada há muitos anos. Assim que ela conquistou a liberdade, ele pediu demissão e foi viver ao seu lado.

— Até hoje eles estão juntos, acredita? Eles se casaram no papel e já têm filhos. Dizem que eles vivem muito bem. Ele diz para as pessoas que eles só se envolveram depois que ela saiu daqui, mas na verdade, parece que foi aqui dentro mesmo.

Foi quando Leonel resolveu contar-me alguns dos segredos que rondavam aquela unidade prisional.

— Não sei você sabe daqueles agentes que foram demitidos há alguns anos por causa de uns problemas que tiveram com as detentas...

— Não sei. O que aconteceu? — Perguntei.

— Então, parece que antigamente, naquele quartinho que hoje ficam as armas, era o quartinho do castigo[40]. Aí, uma vez, ficaram duas mulheres lá e, à noite, elas começaram a provocar os agentes. Diziam que queriam transar com eles e tal. Só sei que elas começaram a fazer boquete nos guardas pelas grades mesmo, mas tinha uma câmera escondida lá. Eles foram demitidos e tiveram que responder

---
[40] Ali permaneciam as pessoas que cumpriam o Regime Disciplinar Diferenciado (RDD), em isolamento.

processo e tudo. Há quem diga que aquilo foi uma armação para eles, mas tem gente que fala que aquilo aconteceu espontaneamente mesmo. Alguns os defendem dizendo que homens não conseguem resistir mesmo, mas eles estavam trabalhando, né? Não poderiam ter feito aquilo de jeito nenhum!

— Pois é...

— Sabe, já aconteceu uma coisa comigo aqui que nunca contei para ninguém, mas vou te contar. Uma vez, uma presa começou a trabalhar na faxina e ela era muito bonita e atraente. Eu tratava-a muito bem, mas porque sou assim com todo mundo, né? E ela tinha muita consideração comigo. Ela levava água para mim lá na guarita, dizia que eu precisava me hidratar, me cuidar. Nem minha esposa dava essa atenção para mim. Eu achava bonitinho da parte dela, mas acho que ela começou a confundir as coisas. Você sabe como é, né? Estava aqui há muito tempo sem ninguém, aí a pessoa fica carente. Eu percebi, mas fingi que não notei para não ficar um clima chato e comecei a tentar evitá-la porque morria de medo de dar problema para mim. Aí, um dia, vim trabalhar à noite e eu não sei como que ela conseguiu, mas ela deu um jeito de não ser trancada na cela no fim do dia e ficou escondida lá na coordenação. Ela já sabia que era eu quem ficava lá primeiro. No que eu abri a porta da sala, quase morri de susto! Ela estava completamente nua, esperando por mim. Nossa, na hora, fiquei muito nervoso. Imagina se alguém entrasse lá! Iriam pensar que eu tinha mandado ela tirar a roupa, né? Eu iria direto para rua! Tinha uma farda lá, eu já joguei em cima dela e pedi para ela se vestir, pelo amor de Deus! Saí correndo da sala. No outro dia, eu pensei em falar para o diretor para ver se tirava ela da faxina, mas fiquei com medo de ela ainda inventar alguma coisa e eu perder meu emprego. Porque mulher rejeitada, é complicado, né? Graças a Deus, ela foi liberta em pouco tempo. Você acredita que antes de sair ela virou para mim e disse: "Eu ainda vou te procurar na rua e vou te encontrar. O senhor vai ver, o senhor ainda vai me ter!".

"Sexo incrível ou cumplicidade?"

Alice recebeu uma educação extremamente rigorosa. Os pais, de uma tradicional igreja evangélica, sempre transmitiram valores morais e religiosos que ela cumpriu durante toda a adolescência. Conheceu o namorado na igreja. Eles namoraram, noivaram e se casaram em pouco tempo. Embora não tenha se casado virgem, ele havia sido o único homem com o qual tinha se relacionado sexualmente e considerava o sexo bom.

— Ignorância traz felicidade! — Disse-me certa vez.

Será que traz felicidade ou comodismo? Será que o conhecimento não pode nos libertar de uma condição aprisionadora? — Era meu pensamento.

Alice e o marido tinham uma vida tranquila. O emprego do marido possibilitava uma vida relativamente estável. Ela cuidava da casa enquanto ele ia trabalhar todos os dias.

Um dia, um amigo, que também frequentava a igreja, pediu para que Alice guardasse drogas em sua casa:

— Ninguém nunca vai desconfiar. Você e seu marido são muito certinhos! — Disse o rapaz.

Ela nem sequer receberia algo em troca, mas topou. Não sabe explicar os motivos que a levaram a aceitar, mas não ponderou as consequências, achou que seria algo inofensivo.

Logo a droga foi descoberta pela polícia, causando choque nos pais de Alice e em seu marido. A mãe disse que jamais a perdoaria, nem queria mais saber da filha. O pai, embora tenha sido tão rígido ao longo da vida, não abandonou sua princesinha. O marido ficou desolado. Inicialmente, falou em terminarem o relacionamento, mas acabou mudando de ideia posteriormente. Não faltava a uma visita.

O pai e o marido enfrentavam a fila repleta de mulheres para poderem vê-la. Eram quase os únicos homens que demonstravam essa disponibilidade.

Alice foi condenada por tráfico de drogas. No primeiro presídio pelo qual passou, sua meiguice e beleza impactavam a todos. Os agentes penitenciários ficaram loucos por ela. Jonas, especialmente, ficou encantado. Ele era casado e tinha filhos. Demonstrava responsabilidade no trabalho e parecia ser devotado à família. Todavia não resistiu ao seu jeito dócil e encantador.

Alice passou a trabalhar na faxina, convivendo diariamente com os funcionários. Jonas passou a investir na moça.

— Eu me sentia muito sozinha lá. Era um lugar tão hostil. E ele era todo sedutor e carinhoso. Tinha muita lábia! Veio com um papo que não era feliz no casamento e que sabia que eu também não era. Disse que ele ia me fazer descobrir o que era felicidade — contou-me.

Às vezes, ele trazia alimentos e outros produtos que ela gostava. Levava tudo o que ela adorava. Enchia-a de mimos, quebrando regras institucionais.

— Fiquei muito curiosa para descobrir a felicidade que ele falava. Passei a imaginar minha vida com ele — descreveu Alice.

Nessa instituição prisional, à noite, ficavam poucos agentes prisionais. Quando alguma mulher aprisionada se sentia mal, era escoltada por eles até o hospital, se tivessem boa vontade e o caso parecesse grave. Em uma noite, eles combinaram que ela fingiria que estava muito mal para que ele a retirasse da cela. Foram a uma das salas de atendimento, vazia ao longo da madrugada.

— Ele começou a passar a mão no meu rosto, foi tão carinhoso! Ele dizia umas palavras bonitas. Dizia que eu era linda, meiga, que eu não deveria estar naquele lugar e que ele queria só o meu bem. Dizia que não ia fazer nada que eu não quisesse.

Os carinhos foram transformando-se em desejo. O jeito que Jonas tocava-a era único, causava arrepios e sensações inexplicáveis.

— Ele puxou uma cadeira, sentou-se e me colocou em seu colo. Passamos a nos movimentar como se estivéssemos fazendo amor, mas estávamos de roupa. Só de sentir o corpo dele no meu daquele jeito, eu senti uma sensação que nunca havia sentido antes! — Contou-me Alice com mudanças na respiração.

Ela disse a Jonas que não queria ter mais nada naquela noite e ele respeitou. Alice sentia uma mistura de sentimentos. Ao mesmo tempo em que nunca havia desejado algo tão intensamente, a culpa afligia-a. O que seus pais e seu marido pensariam dela se ela fosse infiel, contrariando os princípios que sempre foram ensinados a ela? O que ela própria pensaria ao seu respeito?

Combinaram o mesmo esquema algumas outras noites. Na segunda, já não foi capaz de resistir à tamanha tentação.

— Eu já não aguentava mais evitar. Meu corpo estava mole, eu já nem sentia as minhas pernas. Entreguei-me a ele e não tinha ideia que era possível sentir algo assim — descreveu ofegante, como se estivesse revivendo a cena ao relatá-la.

Alice apaixonou-se por Jonas, mas sabia que, embora suas palavras fossem lindas, ele jamais deixaria sua esposa para ficar com ela, que estava presa. Pensava também que jamais poderia confiar nele, caso tivessem um compromisso algum dia.

— Se ele fez isso com a esposa, será capaz de fazer comigo — julgava ela.

Em pouco tempo, ela foi transferida para outra unidade prisional. Trocavam correspondências por meio de uma amiga de Alice, presa no estabelecimento em que ele trabalhava. As cartas que supostamente enviava para a amiga eram para Jonas.

Só depois conheci Alice, no outro estabelecimento prisional para o qual foi destinada. Na ocasião, a única notícia que tinha de Jonas era que ele já não mais trabalhava como agente penitenciário, mas eles não tinham mais contato. Ela sentia muito a sua falta.

— Sempre fiquei esperando as cartas dele. Até hoje, quando chega sexta-feira, eu fico imaginando que pode ter alguma. Quando percebo que não tem, fico desapontada — contou-me.

Mesmo após conquistar a liberdade, ainda pensava muito nele; era recíproco. Ele só não deu mais notícias com medo de ser descoberto, mas jamais havia esquecido o que viveram juntos.

Um dia, encontrei Alice na rua e ela contou-me que continuava casada, assim como Jonas. Esporadicamente, encontravam-se em segredo e ele dizia que deixaria a esposa para ficar com ela, se ela quisesse. Ela não sabia se deveria acreditar nele e ainda se sentia muito culpada; afinal, o marido demonstrou cumplicidade ao longo de todo o cumprimento de sua pena e era um ótimo parceiro no dia a dia. Angustiada, dividida entre razão e emoção, perguntava-se:

— O que devo escolher? Sexo incrível ou cumplicidade?

"171 É O JOAQUIM!"

Apaixonar-se por agente penitenciário não foi exclusividade de Alice. Vanessa também se apaixonou perdidamente por um quando esteve presa pela primeira vez. Na ocasião, ficou reclusa por um ano. Pôde usufruir da liberdade por um ano e meio, mas foi aprisionada novamente.

Vanessa casou-se muito nova e já tinha filhos adolescentes. O marido era um homem de bem e o casal tinha uma ótima situação financeira. Ela não sabe explicar, mas parece que faltava algo em seu casamento. Não era feliz. Decidiu separar-se e viver novas experiências, mas hoje diz se arrepender.

— Poderia ter uma vida tranquila se tivesse permanecido com meu marido — expôs certa vez.

Após a separação, dona de uma imobiliária, realizou negociações financeiras que prejudicaram outras pessoas para a obtenção de vantagens pessoais. Passou a receber ameaças que envolviam a morte de seus filhos, caso não as pagasse. Para conseguir dinheiro rápido, vendeu imóveis que não existiam ou que tinham a documentação incorreta. Foi presa e condenada pelo artigo 171 do Código Penal Brasileiro, referente ao ato de estelionato.

Durante a primeira reclusão, conheceu Joaquim, um agente penitenciário forte, musculoso e fascinante. Discreta, Vanessa comentou:

— Ah, senhora, é complicado! Acho que tem uma fantasia que ronda nosso imaginário, né? A mulher presa e frágil com um agente forte, armado...

A fantasia da vítima com o herói, descrita em nossos filmes, romances e telenovelas, parece permear a mente de algumas pessoas nas prisões. Não apenas das mulheres aprisionadas, mas também dos homens da equipe de segurança.

Enquanto presa, Joaquim foi persuasivo na tentativa de conquistá-la.

— Eu me sentia muito sozinha. Olhe para a senhora ver... Querendo ou não, tudo o que fiz foi por causa dos meus filhos e eles nunca vieram me visitar. Têm vergonha de ter uma mãe na prisão. Eu estava arrasada com tudo isso. Perdi minha liberdade, o amor dos meus filhos. Para mim, a mudança foi radical porque jamais imaginei que seria presa. E ele foi me conquistando, era super bonito, atraente e tinha muita lábia.

Vanessa jamais descreveu detalhes de como o romance iniciou-se dentro da prisão. Contou que assim que conquistou a liberdade, viveu intensamente os momentos ao lado daquele homem que parecia tão vigoroso.

Realizavam jogos sexuais, no qual ele prendia-a com algemas.

— Aquele homem me algemou, literalmente! Era uma tortura! Ele me algemava e fazia coisas indescritíveis. Eu me entreguei totalmente — descreveu Vanessa.

A entrega não acontecia apenas durante o ato sexual, no qual, ao ser algemada, demonstrava extrema confiança no parceiro. Tratou-se da entrega de seu coração. Era uma situação exótica para Vanessa, que não conseguiu resistir aos encantos do agente de segurança. Ao seu lado, sentia-se protegida. Com ele, nada temia. Durante cerca de dois meses, tiveram momentos intensos.

— Nunca tinha vivenciado algo tão gostoso! — Exclamou ela.

Vanessa tinha uma boa situação econômica, tanto em decorrência da separação como dos golpes financeiros que aplicou. Em meio a tantos momentos de prazer, Joaquim passou a pedir dinheiro emprestado para algumas coisas que precisava, até mesmo para a compra de um carro. Vanessa confiava plenamente nele. Como poderia recusar o pedido do seu herói, o homem que representava sua proteção? Após o último empréstimo, ele desapareceu; deixou até mesmo o seu emprego. Ninguém sabe nada a respeito de seu paradeiro. Com raiva, Vanessa comentou:

— 171 é o Joaquim!

"E se for para a gente ficar junto?"

Após o período no qual permaneceu em liberdade, Vanessa voltou para a prisão e, ao longo dessa reclusão, nem sequer olhava para os agentes penitenciários.

— Peguei ranço dessa raça! — Afirmou.

Estava solteira desde a desilusão amorosa com Joaquim. Decepcionada com os homens, reclusa e abandonada pelos filhos mais uma vez, andava sempre triste e chegou a relatar pensamentos suicidas:

— Não vejo mais motivo para viver. Não tenho vontade de fazer nada. Já conversei com a doutora que vem aqui no presídio para ela tentar aumentar a dosagem do meu antidepressivo, mas ela não aumentou. Compro os medicamentos das meninas da cela para ver se ajuda ou se eu durmo mais, pelo menos, mas nada adianta. Minha única vontade é morrer. Até já pensei em guardar bastante medicamento e tomar de uma vez para ver se acabo com esse sofrimento — descreveu Vanessa.

Muitas vezes, os medicamentos psicotrópicos são utilizados excessivamente pelas mulheres encarceradas na tentativa de fugirem do sofrimento e também são comercializados entre elas. Embora o presídio não contasse com nenhum médico disponibilizado pelo Estado, uma médica do município realizava atendimentos unidade prisional uma vez por semana. Ciente da questão da medicalização da vida — ou da falta dela naquele momento — e das implicações para essas mulheres, procurou conscientizá-las acerca da importância de ingerirem apenas os medicamentos prescritos, tendo em vista os efeitos colaterais existentes e a possibilidade de busca por outras alternativas geradoras de vida em meio ao ambiente mortificador do cárcere.

Vanessa nem queria saber; seu único desejo era o livramento imediato do sofrimento e dor que sentia. Passei a acompanhá-la com maior frequência quando percebi seu quadro. Aos poucos, ela conseguiu encontrar algum prazer, nem que fosse por alguns instantes, mesmo naquele contexto. Passou a se interessar pela leitura e chegava a ler quatro livros por semana. Também ficou um pouco mais animada por poder ver seu primo durante as visitas sociais que aconteciam aos finais de semana.

— Agora temos um ao outro e tentamos nos apoiar, nos fortalecer. Eu não tenho muito assunto com as meninas da cela porque somos muito diferentes. Com o Pasquim, é diferente. A gente vem da mesma família, do mesmo contexto social, né? Temos muito em comum — afirmou Vanessa.

De fato, ambos eram provenientes de um ambiente muito diferente da maioria das pessoas ali encarceradas. Eles contavam com recursos financeiros e tinham alto grau de escolaridade. Jamais haviam tido contato com o mundo do crime e com as pessoas que ali se encontravam antes de serem aprisionados. Enquanto aqueles que residem em bairros pobres costumam encontrar amigos, vizinhos e/ou familiares quando são reclusos[41], isso não acontece comumente com as pessoas sobre as quais não incide a seletividade penal em nosso país. Vanessa e Pasquim terem se encontrado ali foi quase um milagre para a vida dela, embora Pasquim considerasse estar vivenciando uma tragédia.

Pasquim era um excelente profissional, tinha ótima condição financeira, uma esposa linda e uma filha encantadora. Supunha que tudo estava perfeito em sua vida anteriormente à reclusão.

— Para mim, minha esposa e eu vivíamos em lua de mel — disse-me ele.

Todavia, provavelmente, não era o que pensava sua esposa. Um dia, ao chegar do trabalho, ela disse que queria a separação.

— Foi um choque para mim! Eu não entendia o motivo. Eu sempre fiz tudo por ela, tratava-a como uma rainha. A gente nem brigava, nem discutia. Eu não conseguia ver razão para aquilo. Meu mundo desabou. Perguntei para ela o porquê, mas ela disse simplesmente que não queria mais, que não era mais feliz ao meu lado — descreveu Pasquim.

No outro dia, foi trabalhar, mas não conseguia se concentrar. Ficou remoendo-se por dentro, tentando entender em que havia

---

[41] Recomenda-se novamente a leitura de Cunha (2002).

errado. Desconfiou que ela tivesse outro homem, mas era difícil admitir isso para si próprio.

— Ela não teria razão para me trair! — Conjecturava.

Atormentado pelos próprios pensamentos, resolveu voltar para casa. Seria impossível trabalhar com tamanha angústia.

Ao adentrar em sua cozinha, viu sua mulher trocando mensagens pelo celular com uma expressão de felicidade e imediatamente tomou o aparelho de sua mão. Não acreditou no que viu; constatou que ela tinha um amante.

— Não consigo me lembrar de nada. Essa é a última imagem que tenho na cabeça. Depois, só me lembro de andar com o carro em alta velocidade e de acordar no hospital. O que eu sei é o que me contaram, mas eu juro que não lembro e parece que não consigo acreditar — relatou em desespero.

As cenas dos crimes passionais costumavam ser apagadas com frequência da memória daqueles que os cometiam. Geralmente, pessoas sem histórico de criminalidade ou conhecimento anterior a respeito da realidade criminal e prisional. Torturavam-se por dentro, corroíam-se com a culpa sentida intensamente. Talvez fosse tão difícil contar para eles mesmos do que eram capazes que preferiam se esquecer do acontecido.

Narraram ao Pasquim que, ao ver as mensagens da esposa, ele esfaqueou-a. Depois, colocou fogo na casa, provavelmente para que ele não fosse incriminado. Possivelmente, ele nem se lembrou de sua filha no momento, que dormia em seu berço. Saiu atordoado, inconformado do que havia descoberto e feito. Tentou tirar a própria vida ao bater com o carro em alta velocidade contra uma árvore, mas sobreviveu, foi encontrado e levado ao hospital. De lá, acusado de homicídio pelas mortes da esposa e da filha, foi direcionado ao presídio, onde aguardava julgamento com o corpo repleto das marcas ocasionadas pela batida e o coração daquelas geradas pela perda das mulheres que mais amava em sua vida.

Falar a respeito disso não era fácil para Pasquim e não aconteceu no primeiro atendimento. Neste, machucado no corpo e na alma, ele só chorou e não quis falar nada. Apenas após algum tempo e o estabelecimento de uma relação de confiança comigo, ele conseguiu relatar o episódio. Julgava-se, culpava-se e também pensava em tentar novamente tirar sua vida enquanto encarcerado. Não compreendia como pôde ter sido capaz de um ato como aquele.

— Eu já cheguei a tentar me enforcar com o lençol aqui, mas os meninos da cela viram e me impediram — descreveu em certa ocasião.

Quando Pasquim e Vanessa puderam se encontrar nas visitas, um passou a dar forças para o outro. Ambos se encontravam sem nenhuma motivação para prosseguirem com a vida, mas conseguiam servir de apoio mútuo em meio à dor. Enquanto um aconselhava o outro, era como se estivessem aconselhando a si próprios. A transformação na vida de ambos foi nítida. O simples fato de terem alguém com quem pudessem trocar correspondências e conversar aos finais de semana foi propulsor de mudanças.

— Sabe, senhora Ana, eu não tinha ninguém e estava muito carente aqui. Agora, estou diferente. Tenho alguma razão para persistir, entende? Mas eu tenho que te contar uma coisa. A senhora vai achar que eu estou louca porque até eu penso que só pode ser essa a explicação. Eu acho que estou me apaixonando pelo Pasquim. Percebi que até meu interesse nos livros está diferente porque agora eu só quero ler romances e fico pensando na gente enquanto leio. Sei que ele nem tem cabeça para isso agora, que ainda está muito abalado com tudo o que aconteceu, mas acho que pode ser que dê certo um dia, mesmo a gente sendo primo — confidenciou-me Vanessa.

— E você já disse isso para ele? — Perguntei.

— Acabei de escrever uma carta dizendo tudo isso porque não tive coragem de falar lá no pátio. Mas eu fico pensando... qual era a chance dele vir para aqui? De acontecer tudo isso na vida dele? Da gente estar se entendendo tão bem? Não sei qual vai ser a reação dele, mas eu acredito muito que isso tudo pode ter acontecido nas nossas vidas só para a gente perceber esse sentimento aqui dentro. Porque pensa para a senhora ver, lá na rua, a gente nunca ia pensar nisso, né? Cada um tinha a sua vida e nos olhávamos como parentes. Aqui, é diferente. A gente conhece a essência da pessoa, entende? Não tem aquela coisa de ficar falando da área profissional e tal... E eu descobri a pessoa linda que ele é. A senhora acha que é muita loucura? Porque eu penso que deve ter um propósito em tudo isso! E se for para a gente ficar junto?

"Ele ainda vai me amar!"

Assim como Pasquim, Thainá cumpria pena por homicídio após ter cometido um crime passional. Tinha acabado de completar 18 anos e aguardava julgamento. Poderia perder a juventude atrás das grades. Infelizmente, o cárcere é ocupado majoritariamente pelos jovens, roubando deles essa fase da vida. O período no qual poderiam estar estudando ou sendo inseridos no mercado de trabalho é vivido como se estivessem mortos. O único aprendizado possível na escola do crime refere-se à criminalidade, o que traz implicações negativas para a vida em liberdade, somando-se aos processos de estigmatização e discriminação social presentes[42].

Thainá apaixonou-se por Jhonny desde o momento em que o viu em um bar próximo de sua casa. No mesmo dia, dormiram juntos. Pela manhã, propôs mudar-se para a casa do rapaz.

Além da paixão, queria fugir dos conflitos que enfrentava com a mãe. Elas viviam brigando e Thainá sentia que a mãe, ainda jovem, tentava competir com ela, tomando-a como rival. Às vezes, paqueravam o mesmo cara e a mãe costuma obter vantagem. Mesmo percebendo que entristecia a filha, nem sequer perguntava como ela se sentia diante dessas situações. Essa mesma história repetiu-se algumas vezes, fazendo com que Thainá se sentisse desamparada. Ela afirmou:

— Eu não tive pai e a minha mãe não é mãe! A única pessoa que eu tinha era a minha avó, mas ela faleceu ano passado.

O clima entre elas era marcado por frieza e indiferença na maior parte do tempo. De repente, discutiam impetuosamente. Thainá queria fugir em busca de paz.

---

[42] Diversos autores concebem a instituição prisional como mecanismo de exclusão e dispositivo de produção de criminalidade, já que esta não cumpre a função de reabilitação social. *E.g.*: Carvalho (2014), Foucault (1987), Lira e Carvalho (2002), Rauter (2007), Tavares e Menandro (2004).

Jhonny permitiu que ela ficasse em sua casa, mas não demonstrou grande interesse pela moça. Disse que ela poderia dormir lá, mas que teriam que se conhecer melhor antes de qualquer coisa. Acostumada com pouco, Thainá contentou-se com as migalhas oferecidas. Estava apaixonada e disposta a conquistá-lo, seduzindo-o dia após dia.

Ela não o deixava em paz. Ligava de cinco em cinco minutos quando ele saía, tentava encontrá-lo nos lugares que ele frequentava, sondava as mensagens de seu celular. Seu ciúme excessivo acarretou brigas entre o casal.

— Ele me dizia que queria respirar! Respirar? Como assim, né? Nunca entendi isso! A vida dele tinha que ser eu — afirmou com veemência.

Jhonny chegou a pedir para que ela saísse de sua casa e terminou o breve relacionamento que, em três meses, já era muito conturbado. Furiosa, Thainá não aceitou.

— Eu vou ficar e vou fazer você me amar — dizia ela.

Se antes já era desconfiada, com a manifestação do desejo do término, teve certeza: Jhonny só podia ter outra mulher.

Um dia, ele disse que iria jogar futebol. A fim de verificar a veracidade da informação, perseguiu-o. Quando ele estava se aproximando do ginásio, encontrou uma menina e eles se beijaram. Thainá não suportou ver aquela cena, não podia perdê-lo, não podia deixar a rival levar vantagem mais uma vez. Avistou uma grande pedra no chão, pegou-a e impulsivamente bateu com ela na cabeça da menina, que caiu inconsciente no chão. Ela foi presa e a menina levada ao hospital. No presídio, soube do seu falecimento e que responderia por homicídio.

— Eu não queria matá-la! Foi no calor das emoções que dei a pedrada, mas nunca imaginei que isso pudesse acontecer. Eu jamais pensei em matar ninguém. Quando vi a menina caída no chão, fiquei desesperada!

Quando soube da história de Thainá, uma das funcionárias do setor administrativo do presídio, Clarice, comentou comigo:

— Nossa, Ana, você acredita que quando eu tinha 17 anos, uma menina da escola ficou me provocando e falando muito mal da minha mãe, sabe? Na hora, nem pensei! Dei uma pedrada na cabeça dela e ela quase morreu! Ela ficou até em coma alguns dias, mas, graças a

Deus, ela sobreviveu! Imagina se isso tivesse acontecido alguns meses mais tarde? Se eu tivesse vindo presa por tentativa de homicídio? Eu teria passado minha juventude aqui. Não teria casado, tido a minha filha. Jamais teria feito faculdade ou passado em um concurso público para poder trabalhar, né? Tenho que agradecer muito a Deus! E tem gente que ainda pensa em reduzir a maioridade penal! Vai entender!

Além de colocar em risco o desenvolvimento integral de crianças e adolescentes, a redução da maioridade penal dificilmente reduziria a criminalidade no país. Embora seja disseminado um discurso de que o encarceramento poderia aumentar a segurança pública, na verdade, tratam-se de dinâmicas distintas e independentes. Tendo em vista o fracasso do nosso sistema penal, que produz reincidência, a tendência seria o aumento da criminalidade. O discurso de ódio que tem sido produzido e disseminado em âmbito nacional no que se refere aos adolescentes infratores tem como real objetivo o controle social e a conservação das classes[43]. Este deveria ser substituído por políticas públicas eficientes para os jovens, especialmente nas áreas da educação e profissionalização, possibilitando o acesso à cultura, esporte e lazer, indo muito além da repressão. Talvez, ao invés da grande preocupação em torno dos ínfimos atos violentos cometidos por eles, deveríamos questionar as violências às quais são submetidos todos os dias, ao sofrerem exploração sexual, maus tratos, exploração de trabalho, dentre outros tipos de abuso.

No caso de Thainá, por poucos dias, ela já era maior de idade e teve que enfrentar o aprisionamento. Para piorar, ficou sem receber visitas por mais de três meses.

— Estou aqui abandonada e nem sei quanto tempo vou ter que ficar. É desesperador — disse-me certa vez.

Um dia, sua mãe apareceu.

— Foi estranho porque ela foi até carinhosa comigo e ela nunca tinha sido. Parecia que ela era minha mãe mesmo, sabe? Acho que aconteceu algum milagre, não é possível! Mas ela disse que não sabe quando vai voltar — contou-me com ambivalência.

O cárcere tinha trazido esse presente para Thainá: ser tratada e cuidada como filha, ter tido o colo da mãe, pelo menos por um dia.

---

[43] Para maiores informações, sugere-se a leitura de autores como: Dores (2018); Miyamoto e Krohling (2012).

Ao mesmo tempo, a expectativa de que isso perdurasse ensejava o risco iminente de frustração.

Quanto ao Jhonny, este jamais foi visitá-la, mas Thainá mantém a esperança de um dia ficarem juntos. Prefere nem pensar em outra possibilidade.

— A senhora sabe como é. Homem não vem em cadeia mesmo, né? Pelo menos, é o que todas as meninas da cela dizem. Eu nem sei quanto tempo vou ficar aqui, mas tenho certeza de que, quando eu sair, a gente vai ficar junto. Eu vou dar um jeito! Ele ainda vai me amar!

"Nunca me senti tão livre"

A prisão gera dores inexprimíveis. Perder a liberdade de ir e vir é apenas uma das penas sofridas. Perde-se também a possibilidade do encontro com pessoas amadas, o domínio sobre o próprio corpo. Muitas vezes, até mesmo os desejos são controlados e impedidos de serem exprimidos durante a reclusão. A maioria das mulheres relata sofrimentos profundos e algumas chegam a ter ideação suicida diante de tantas privações.

— Meu coração dói de verdade, senhora Ana. Sabe quando a gente machuca uma parte do corpo e fica doendo? É tipo assim, mas é muito mais intenso. Tem hora que parece que não vou aguentar essa dor — disse-me um dia uma das mulheres encarceradas.

— A senhora não tem ideia do que é ficar aqui ouvindo esse portão abrindo e fechando o dia inteiro, sem a gente poder sair, e o barulho dessas algemas e chaves. Acho que quando eu sair daqui esses barulhos não vão sair da minha cabeça. É muito triste ter que ver o sol pelas grades e não poder nem ir à esquina. Perder a liberdade é ruim demais. Penso até em tirar minha vida. Do que adianta viver assim? Isso não é vida — comentou outra mulher aprisionada.

— Aqui eu passo tanta vontade de comer as coisas que até dói meu estômago! Não consigo comer essa comida direito e ainda tenho que ver aquelas que têm visita comendo aquilo que eu gostaria, mas que não posso. Mas sabe o que é pior? A fome que a gente sente na alma e não pode satisfazer. Sinto uma saudade da minha família, dos meus filhos, que dói muito e a dor não passa — contou-me mais uma das mulheres.

Essas não foram as queixas de Larissa.

Larissa roubou um chocolate em um supermercado com o intuito de ser presa. Ela o fez propositalmente em frente ao segurança e foi levada à delegacia. Afirmou não ter família e nem dinheiro para pagar fiança.

— Vocês vão ter que me prender — disse ao delegado.

Sua estadia na prisão durou dois dias. Negava-se a passar o contato de qualquer um de seus familiares. Já havia conversado com a assistente social e algumas agentes penitenciárias, mas se recusava a fornecer qualquer informação sobre sua vida.

Quando fui atendê-la também demonstrou resistência inicialmente. Todavia, aos poucos, foi abrindo o seu coração.

Larissa tinha 19 anos. Foi criada com rigidez pelos pais evangélicos e orientada a se casar virgem. Aos 16, começou a namorar Tales, um rapaz da igreja. Com sentimento de culpa, contou:

— Eu fiz de tudo para não ter relação sexual com ele. Eu juro que tentei! Mas foi mais forte do que eu!

Diante do grande desejo e atração que sentia pelo namorado, não conseguiu resistir e logo engravidou. Eles resolveram se casar, sem contarem para ninguém da gestação. Disseram que tinham certeza de que era o que queriam e logo convenceram seus pais. Posteriormente, simularam terem gerado a filha na lua de mel.

Foi também durante a lua de mel que Tales passou a demonstrar um ciúme excessivo e sentimento de posse pela esposa. A beleza de Larissa provavelmente gerava insegurança no rapaz. Ela causava admiração pelo seu belo corpo violão: cintura fina, quadril e seios fartos. Seus cabelos eram lisos, castanhos e compridos; os olhos cor de mel. Era dona de lábios carnudos e parecia hipnotizar os homens com seu andar.

— Desde quando me casei, vivo em uma prisão. Aquilo sim é uma prisão! — exclamou a moça.

Tales passou a controlar o tipo de roupa que ela vestia. Não permitia esmalte vermelho e nem que saísse de casa sem sua permissão. Se já era prisioneira durante a gestação, tudo piorou quando a filha nasceu.

— Eu só podia ficar em casa cuidando da menina — relatou Larissa.

Ela chegou a pedir a ajuda dos pais e quis voltar para a casa deles. Todavia eles diziam que ela tinha que ser submissa ao marido e recusavam-se a intervir. Sua mãe, sobretudo, não aceitava a ideia de a filha se separar e buscava convencê-la a manter o casamento e a obediência ao marido, reproduzindo o discurso machista preponderante.

As brigas com Tales e a violência doméstica tornaram-se frequentes. Por outro lado, dependia financeiramente dele e tinham uma filha, da qual tinha que cuidar. Amava-a muito, mas ela remetia ao pai e acabava colaborando com sua permanência no lar de alguma forma. Não sabia mais o que fazer. Sentia-se encurralada.

— Um dia, fugi de casa e fiquei perambulando pela rua, mas logo ele me achou. Eu disse que se ele continuasse me controlando daquele jeito, eu sairia de casa. Ele me bateu e saiu me levando à força. Eu lembro que eu gritei desesperadamente pedindo a ajuda de um homem que estava passando pela rua, mas ele disse que em briga de marido e mulher, ninguém mete a colher. Depois, saiu rapidamente, nos ignorando. Após esse episódio, as coisas pioraram ainda mais na minha casa — contou-me angustiada.

Larissa estava desesperada. A ideia do roubo do chocolate foi a última alternativa que vislumbrou. Quem sabe agora alguém olharia de verdade para ela? Será que, diante de um fato grave, o marido não poderia mudar de atitude? A prisão não poderia levar seus pais à iniciativa de ajudá-la?

Com esses questionamentos, Larissa ainda não sabia como seria sua vida lá fora, mas permitiu o contato com sua família. Queria mesmo era dar um susto neles e achava que já havia permanecido ali tempo suficiente para chamar a atenção e conhecer aquele universo do qual tinha curiosidade.

Nos dois dias em que permaneceu na cela feminina, fez amizades que quer levar para a vida.

— Eu contei minha história para algumas meninas e elas me entenderam. Tem uma lá que passa pela mesma situação que eu. Não pode nem olhar para o lado quando sai com o marido na rua. Ela olhou para meus olhos como se estivesse sentindo de verdade o que eu sinto. Já a minha família, nunca me entendeu. Achava era que eu tinha que agradecer por ter um esposo trabalhador e acatar o que ele falasse ou fizesse — disse-me revoltada.

— E como você se sentiu dentro de uma cela? — Perguntei.

— Ao mesmo tempo em que é horrível, nunca me senti tão livre!

"Um peixe em seu aquário!"

Não foi apenas Larissa quem foi presa intencionalmente. Ariela, uma mulher proveniente de uma família de classe média alta, resolveu que ficaria melhor atrás das grades do que entre os seus. Deu um jeito de ali permanecer por um dia. No primeiro e único atendimento, resistente, disse-me:

— Fiquei muito tempo no exterior, a *"long time"*. Nem lembro como se fala em português, *"I don't remember"*.

— *"No problem, we can speak in English"* — respondi.

Ariela não esperava por aquela resposta.

Iniciamos o atendimento em inglês. Após o estabelecimento de empatia e confiança, ela logo me disse que aquela era apenas uma desculpa para não falar nada, o que havia sido perceptível.

Ariela era extremamente inteligente, uma das pessoas mais sagazes e perspicazes que conheci. Seu raciocínio era rápido e seu conhecimento vasto. Ao relatar sua história era notável que, em suas interações, às vezes, fazia-se de boba ou colocava-se em uma posição de ignorância em diversas situações, o que acabava gerando ganhos secundários em sua vida.

Quando resolveu abrir-se, tive contato com uma trajetória de vida perpassada por rompimentos de vínculos afetivos, perdas e dores intensas. Estas ainda se faziam fortemente presentes e Ariela não sabia como livrar-se delas.

Filha de um casal muito importante em sua cidade, foi criada pela avó materna. Após a doença de um de seus irmãos, Ariela teve que ficar com a avó e, posteriormente, ali permaneceu.

— Por que minha mãe não ficou comigo? Por que ela não me buscou de volta? Sinto-me rejeitada. Ela não foi minha mãe, né? Quem foi minha mãe foi minha avó.

A raiva era direcionada apenas à mãe. Sobre o pai, falava com carinho e afeição. Aparentemente, idealizava-o e não aceitava o fato de ele ter falecido muito novo. Dificuldades na elaboração do luto pela perda paterna ficaram evidentes em seu discurso.

Sempre se sentiu um peixe fora d'água. Não pertencia à família e não se encaixava em nenhum dos lugares que frequentava.

Durante a juventude, era cobiçada pelos homens da cidade. Conheceu Paulo e logo se casaram.

— Até hoje eu não sei se ele se casou porque gostava de mim ou por causa do dinheiro da minha família — comentou.

A vida conjugal foi marcada por conflitos e por casos extraconjugais do marido. Ela descobriu-os algumas vezes e comentou:

— Eu queria morrer! Era só o que eu queria! Especialmente da última vez, quando soube, para mim, a vida acabou. Foi difícil demais, eu tentei até suicídio!

Daquela vez, em especial, acreditava que o marido jamais a magoaria novamente. Havia criado uma expectativa de fidelidade em seu interior que não foi cumprida, trazendo intensa frustração.

O casal tinha dois filhos. Ariela sentia-se culpada por não ter sido uma boa mãe para o primeiro e sabia que sobrecarregava a caçula com seus problemas.

— Desde quando ela foi planejada, eu pensava em ter uma companhia e alguém para me ouvir, aconselhar, cuidar de mim.

A menina já nasceu para ser sua mãe e foi o que aconteceu. Desde muito nova, era ela quem acompanhava Ariela aos médicos, clínicas e hospitais, locais dos quais não saía, já que ela se curava de uma doença e logo surgia outra.

— No fundo, eu sei que está errado. Eu tenho mãe e minha mãe não é ela. Mas é que eu gosto de tê-la por perto e assim acabo conseguindo isso — relatou.

Ela não sabia exatamente se era a consciência disso que estava deixando-a tão triste. Por um lado, tentava deixar a menina livre para viver a vida dela; por outro, era tão seguro e confortável tê-la ao seu lado.

Inteligente, associava a história vivenciada na família de origem com os conflitos familiares atuais. Acreditava tratar seu marido como o pai que não teve e a filha como a mãe que sempre quis ter. Sabia que papéis e hierarquias estavam invertidos em sua família, só não conseguia mudar seu comportamento; faltava-lhe força.

— Eu estou muito deprimida, tem um vazio dentro de mim, um buraco. A morte me chama, mas, no fundo, quero viver. Então, dei um jeito de vir presa para ficar longe de tudo isso. Eu também tinha curiosidade em saber como era aqui e gosto de viver novas experiências. Na verdade, eu queria mesmo era ser internada em um hospital psiquiátrico, lá sim eu me sentiria em casa porque me identifico com os loucos, só com eles. Só que ninguém quis me internar. Eu vim para cá como um pedido de socorro. Quando minha família vier, vou deixar claro que ou eles me internam ou eu vou me matar.

Poucos minutos depois do único atendimento que realizei a Ariela, no corredor, encontrei com ela e sua filha (mãe), que a levaria à clínica psiquiátrica, conforme seu desejo. Ela havia alcançado seu objetivo. Disse-me:

— Agora sim! Lá sei que vou me sentir um peixe em seu aquário!

"Eu vi! Eu vi!"

Nilda tinha traços indígenas lindíssimos, já obscurecidos pelas dores do cárcere. Era analfabeta, tinha a capacidade cognitiva extremamente comprometida e um discurso levemente desconexo. Após 10 anos aprisionada, tendo passado inclusive por um hospital psiquiátrico judiciário, parecia nem sequer supor como estaria o mundo lá fora. Não tinha nenhum vínculo familiar. Havia acabado de chegar naquela unidade prisional e estava prestes a conquistar a liberdade. Sorria logo após cada frase que proferia. Parecia viver em outro mundo; nele, era possível sorrir a cada instante mesmo diante da dura realidade.

Ela estava no fim do cumprimento de uma pena por latrocínio, roubo seguido de morte. Um dia, contou-me sobre o crime. Conheceu um rapaz que pediu para que ela vigiasse uma casa enquanto ele a roubasse.

— O problema foi que eu dormi lá na porta! — Contou-me.

Como não exerceu sua função, a polícia adentrou na casa. O rapaz, assustado, impulsivamente atirou no proprietário. Ambos foram presos. A única notícia que soube a respeito dele foi que já havia sido liberto.

Em meio à rotina prisional, Nilda saía todos os dias para o banho de sol no pátio, que ficava em frente à cela denominada "seguro", na qual ficam os homens presos que não são aceitos pelos demais para o convívio. Tratam-se daqueles que cometem crimes sexuais, os devedores e os homossexuais.

Ali, conheceu Jair e ficou encantada por seu sorriso. Não costumavam trocar muitas palavras; preferiam investir na comunicação não verbal. A cada banho de sol, não conseguiam mais desviar os olhares um do outro. Ela ficava paradinha em frente à cela, observando-o, admirada. Saía sempre suspirando, com frio na barriga.

Os olhares que eram dirigidos ao rosto passaram a se direcionar a todo o corpo. Um dia, Jair mostrou-lhe um pedacinho de sua barriga e depois, seu peito. Naquele momento, Nilda saiu definitivamente do planeta Terra.

— Senhora Ana do céu! O que era aquilo? Fazia 10 anos que não via homem e de repente, aquele tanquinho! — Disse-me envergonhada, com o típico sorriso no rosto, que logo foi escondido pelas mãos.

Ela queria mais; gesticulou para que o rapaz mostrasse o órgão genital, o que ele fez prontamente.

Naquele momento, foram surpreendidos por uma agente penitenciária. Prestes a conquistar a liberdade, Nilda recebeu um comunicado interno que poderia ensejar em falta grave. Conforme já mencionado anteriormente, nos presídios acontecem as "Comissões Disciplinares", uma reunião entre alguns profissionais — das quais não participa o psicólogo[44] — que leva aos castigos que devem ser cumpridos por aqueles que descumprem as normas institucionais. Em seu caso, seria possível um atraso da saída do presídio de até um ano.

A agente penitenciária — mulher — fez o comunicado interno apenas direcionado à Nilda, não a Jair.

— Onde já se viu presa ficar com esse assanhamento? — Interrogou ela.

Jair, que agiu efetivamente ao mostrar seu órgão genital, não sofreu sequer uma advertência verbal.

O comprometimento cognitivo e histórico de saúde mental de Nilda já era conhecido pelo diretor e advogados do presídio; já haviam sido comunicados, inclusive, para a defensoria pública. Quando soube da possibilidade do castigo, comentei com ela que seria defendida, mas ela não se importou. Sorrindo, afirmou:

— Ah, eu nem ligo! Na verdade, nem tenho para onde ir quando eu sair daqui. O importante é que eu vi, eu vi!

---

[44] O Conselho Disciplinar destina-se ao julgamento das faltas disciplinares cometidas pelas pessoas aprisionadas, ensejando nas cabíveis sanções administrativas. A Resolução n.º 12/2011 expedida pelo Conselho Federal de Psicologia (CFP), em consonância com o Código de Ética Profissional do Psicólogo, vedava a participação do psicólogo do sistema prisional em ações e decisões que envolvessem práticas de caráter punitivo e disciplinar, o que assegurava sua não participação no Conselho Disciplinar. Uma sentença jurídica promulgada em abril de 2015 suspendeu a Resolução supracitada. Diante disso e considerando que o sistema jurídico-legal havia extrapolado suas funções, em abril de 2016, o CFP manifestou-se a partir do "Parecer técnico sobre a atuação do psicólogo (a) no âmbito do sistema prisional e a suspensão da Resolução CFP n. 012/2011" reafirmando a importância da Resolução 012/2011 e de uma atuação dos psicólogos do sistema prisional voltada para a garantia dos direitos humanos das pessoas privadas de liberdade. Desse modo, tendo em vista o compromisso com uma atuação comprometida com a cidadania das pessoas que se encontram aprisionadas, os psicólogos não participam desse procedimento.

"Como uma rainha pode estar mal?"

— Tirem ela daqui! Tirem a chá de lírio! — Gritavam os homens aprisionados quando adentrei ao presídio.

A falta de estrutura do segundo presídio misto no qual trabalhei possibilitava-me ter um contato muito mais direto e frequente com as pessoas aprisionadas. A sala do setor psicossocial localizava-se em frente a uma cela masculina que tinha capacidade para 10 pessoas, mas onde geralmente mais de trinta homens permaneciam. Quando queriam atendimento, era muito simples solicitá-lo, apenas gritavam seu nome quando me viam passando pela escadinha do tipo caracol que dava acesso à sala de atendimento e já eram incluídos na lista de espera. Durante o dia, eu acabava escutando tudo o que diziam, as músicas da rádio que escutavam ou os ruídos da televisão a que assistiam. Até mesmo a frequente fumaça[45] que saía da cela era inalada por mim e pelas demais profissionais a todo o tempo.

Ao lado da sala de atendimento, tinha outro puxadinho, uma cela na qual eram realizadas as visitas íntimas. As grades idênticas às das demais celas eram simplesmente cobertas com um lençol para que o casal tentasse ter um pouco de privacidade. Enquanto os espaços destinados à visita íntima em alguns países europeus e nos Estados Unidos[46], por exemplo, contam com uma estrutura que se assemelha à do âmbito doméstico, tentando recriar um local propício para que o casal compartilhe afeto e exerça a sexualidade em uma

---

[45] No meu primeiro ano de atuação como psicóloga do sistema prisional, cigarros eram permitidos dentro do presídio e, inclusive, a principal moeda de troca para a comercialização de produtos. Posteriormente, uma decisão judicial proibiu os cigarros, o que foi desesperador para a maioria da população carcerária, que se queixou incessantemente. Após essa proibição, os cigarros de palha e a maconha passaram a ser os produtos mais utilizados e entravam no presídio de inúmeras formas. Muitas vezes, a equipe de segurança apreendia-os, o que ensejava em faltas disciplinares. Não obstante, as intervenções repressoras e punitivas não conseguiam cessar a utilização dessas substâncias.

[46] Um ambiente semelhante ao da esfera doméstica para a realização das visitas íntimas é descrito por autoras como Comfort (2008) e Granja (2015), nos contextos prisionais estadunidense e português respectivamente.

esfera de intimidade, no Brasil, temos muitos presídios mistos nos quais o improviso institucional é evidente e as condições de privacidade são desrespeitadas.

Essa cela íntima ainda era utilizada para outros fins, como a custódia de menores (que poderiam ficar até cinco dias nessas condições), pessoas com doenças transmissíveis que deveriam evitar o contato com as demais (como tuberculose) ou para fins excepcionais (como uma mulher transexual que ali permaneceu porque a administração prisional julgou que não deveria ficar na única cela feminina e ela também não foi aceita pelos homens encarcerados, que a recriminavam[47]).

De qualquer forma, quando ocupada para outro fim, impedia a realização de visitas íntimas dos poucos homens que usufruíam desse direito inviabilizado pelas exigências institucionais na maioria dos casos. As mulheres maioritariamente nem sequer chegavam a cogitar essa modalidade de visita, já que muitas eram abandonadas ou não disponibilizavam de recursos para a providência da documentação, exames médicos e laudos solicitados.

Como a ocupação da cela suspendia temporariamente a possibilidade desse momento de intimidade tão valorizado pelas pessoas encarceradas, costumava gerar agitação entre os homens, que gritavam solicitando sua desocupação. Geralmente, toda a população carcerária compadecia-se daqueles 10% que tinham o direito garantido e unia-se gritando por providências. Foi o que aconteceu naquela manhã.

Além dos gritos que solicitavam a retirada de uma mulher que permanecia na cela desde o final de semana, escutei sua doce voz chamando-me.

— Moça, moça! — Gritava Graça.

Quando me aproximei da cela, percebi que Graça era mesmo uma graça. Seus cabelos ruivos e ondulados não se comparavam à beleza que transbordava de seu coração por meio do seu olhar e lindo sorriso. Delicadamente, contou-me:

---

[47] É urgente atentar-se para a complexa situação do público LGBT em presídios mistos, especialmente naqueles dominados por facções que impõem a hetonormatividade, como o PCC, proibindo comportamentos que se distanciem desse padrão. A estigmatização e discriminação social são assustadoramente intensificadas no cárcere. Por outro lado, quando destinado aos estabelecimentos prisionais específicos para seu acolhimento, estes costumam estar nas capitais, distantes das cidades nas quais residem, o que dificulta a preservação de laços sociais.

— Sabe, resolvi vir passar o final de semana nesse hotel. Vim com a minha Hilux e o meu motorista. Já pedi para o meu mordomo trazer as minhas refeições. Só estou mesmo com vontade de comer um pastel, você traz para mim? Quero um de carne — pediu-me encarecidamente, com os olhos lacrimejando ao pensar no pastel que tanto desejava.

Ao falar comigo, transparecia meiguice. Posteriormente, soube que foi retirada da cela feminina porque havia sido extremamente agressiva e seus gritos haviam sido tão intensos que se tornaram insuportáveis para as outras mulheres que ali permaneciam.

Pouco tempo depois, encontrei os pais de Graça na portaria solicitando informações a respeito da filha. Quando souberam que eu era a psicóloga, chamaram-me.

— Como está a nossa filha? A senhora acha que voltará ao normal? Nós não queríamos que isso acontecesse, mas não sabíamos o que fazer.

Contaram-me que Graça sempre foi uma menina muito estudiosa e trabalhadora. Ela trabalhava como caixa de supermercado e tinha uma filha para a qual dedicava seu tempo e amor. Também costumava ser muito carinhosa com os pais, que demonstravam admiração profunda por ela e choque diante do ocorrido. Relataram que, na sexta-feira, a filha chegou com comportamento violento em casa. Além de ter batido em seu pai, de idade avançada, proferiu muitos palavrões e tinha um discurso totalmente desconexo. Diante de sua agressividade, chamaram a polícia e ela foi presa.

Eles não conseguiam compreender o que tinha acontecido com a filha, que tinha mudado da água para o vinho. Foi apenas após sua prisão que descobriram que um rapaz havia dado chá de lírio a Graça. Sua intenção era deixar a moça inconsciente para que ela não o impedisse da relação sexual pretendida. Ele conseguiu alcançar seu objetivo e a consciência de Graça foi extremamente prejudicada. Entretanto, permaneceu da mesma forma, ainda que muitas horas tenham decorrido.

Os pais estavam desesperados, não sabiam se algum dia a filha voltaria a demonstrar as características que apresentava outrora.

— Como um homem é capaz disso? Ele desgraçou a vida da minha filha! Parece que nem é mais ela! — Exclamava seu pai inconformado.

Poucos dias depois, Graça alcançou a liberdade.

— Agora vou para o meu palácio! Sinto deixá-los, mas tenho que ir para meus aposentos reais. Adeus, súditos! — Disse sorridente ao sair do estabelecimento prisional.

Ela voltou para casa, mas sua vida jamais seria como antes.

Sua presença ali foi marcante. Mesmo após alguns meses, lembrávamo-nos sempre dela e indagava-nos acerca de seu futuro.

Um dia, à noite, vi Graça perambulando pelas ruas da cidade[48]. Sua roupa curta e brilhante e o local em que se encontrava contaram-me seu destino: havia se tornado garota de programa. Quando me viu, afável, aproximou-se do carro. Perguntei como ela estava e seus lábios completamente borrados de batom disseram-me:

— Você não está vendo? Estou ótima aqui em meu reinado, no meu palácio, desfrutando dos mangares com abundância entre meus súditos. Como uma rainha pode estar mal?

---

[48] Por residir em uma pequena cidade interiorana, comumente reencontrava os pacientes na rua, após conquistarem a liberdade. Todos tratavam-me muito bem, demonstrando gratidão e carinho. Pedidos de dinheiro também eram frequentes, a maioria para a aquisição de drogas.

"Sinto um vazio que não tem como preencher!"

Se o segundo presídio no qual trabalhei apresentava uma estrutura física visivelmente precária, o primeiro disfarçava bem suas deficiências. Inclusive, antes de iniciar o meu trabalho ali, encontrei alguns vídeos de antigas reportagens televisivas sobre o estabelecimento e as supostas atividades de ressocialização que oferecia. O lugar era descrito como se fosse o paraíso. Salientavam que havia escola, uma fábrica a até mesmo horta para os detentos trabalharem. Só não diziam que as atividades laborais e escolares não alcançavam sequer um quarto das pessoas aprisionadas[49]. A maioria tinha um cotidiano ocioso e repleto de tensões.

Quando adentrei na unidade pela primeira vez, embora tenha me sentido sufocada assim que os portões se fecharam, constatei que sua aparência não era tão ruim. Porém, em poucas horas, percebi que a fachada era uma máscara que escondia um ambiente desumano. A parte que avistávamos destinava-se aos funcionários, onde se situava o setor administrativo e as salas de atendimento nas áreas da saúde e psicologia.

As alas e as celas ficavam ao fundo e não apresentavam uma realidade distinta da maioria dos presídios destinados aos presos provisórios, mas que acabam por também abrigar condenados. Todos permaneciam em celas superlotadas e, muitas vezes, ficavam juntos, independentemente do tipo de crime cometido ou tempo de condenação. Não havia cama para todos, que as compartilhavam e revezavam. Alguns chegavam a dormir no banheiro, sem colchão. As condições eram insalubres.

De qualquer forma, naquela unidade, havia uma sala exclusiva para o setor de psicologia, que eu revezaria com o outro psicólogo.

---

[49] De acordo com os dados apresentados no relatório do Departamento Penitenciário Nacional do Ministério da Justiça (INFOPEN, 2019), a população prisional em programa laboral era de apenas 19,28% e somente 16,53% encontrava-se em atividade educacional no segundo semestre de 2019.

Isso, às vezes, pode ser considerado um luxo no contexto prisional. Avisaram-me que tínhamos até um computador, mas que ele estava destruído. Na semana anterior, Valéria supostamente teve um surto psicótico durante um atendimento e o quebrou. Uma das minhas tarefas naquele dia, inclusive, seria acompanhá-la ao Centro de Atenção Psicossocial (CAPS), onde ela teria um atendimento com o psiquiatra, já que não havia nenhum no presídio. Com isso, eu poderia conversar com o médico acerca de seu caso.

A cena que presenciei ao acompanhá-la foi assombrosa. Fomos de viatura com alguns agentes penitenciários, que estavam armados e com coletes à prova de balas. Valéria, além do uniforme vermelho, estava algemada não apenas nas mãos, mas também em seus pés e cintura. Quando descemos da viatura, todas as pessoas ao redor pararam imediatamente o que estavam fazendo para nos olhar. Encaravam Valéria e conjecturavam qual era o crime que ela havia cometido. Sua vergonha era nítida e a situação vexatória.

Infelizmente, esta é a realidade à qual são submetidas as pessoas aprisionadas para receberem atendimentos ou comparecerem às audiências jurídicas fora dos muros prisionais. São tratadas como monstros. O mesmo acontece quando conseguem a permissão para irem aos velórios dos parentes de primeiro grau. Geralmente, mal conseguem despedirem-se da pessoa amada diante de tamanho constrangimento.

No dia do atendimento médico, Valéria não quis falar nem com o psiquiatra e nem comigo. Provavelmente, tanto devido à alta dosagem da medicação que possivelmente havia recebido quanto ao fato de transferir para nós o pavor que tinha das pessoas que haviam passado por sua vida, já que nenhuma foi confiável. Foi apenas com o tempo que pude conhecer Valéria melhor. Rotulada como louca, tinha uma história que explicava bem suas ações.

Não sabe quem é o pai. A mãe era violenta, agredia-a frequentemente verbalmente e fisicamente até seus 8 anos. Teve namorados que abusaram sexualmente da filha e nada fez. Um dia, saiu de casa, deixando Valéria e seus irmãos com um tio e sua mulher, que mal davam atenção às crianças. Logo, os irmãos perderam-se pelo mundo.

Embora esse não seja um dado generalizável, constatei em meu trabalho no contexto prisional que essa era uma queixa comum entre as mulheres aprisionadas: a perda da mãe, seja por morte ou abandono. Além disso, quando presente, a relação com esta costumava ser extremamente conturbada. Isso não foi observado com frequência nas relações entre os homens aprisionados e suas mães, que recorrentemente idolatravam-se mutuamente. Geralmente, o conflito instalava-se entre eles e o pai, padrasto(s) e/ou outras figuras masculinas.

Valéria tornou-se garota de programa e toxicodependente ainda na adolescência. Nunca estabeleceu forte vínculo afetivo com ninguém, nem com seus filhos. Aliás, assim como sua mãe que tanto recriminava, abandonou-os e não fazia ideia de onde pudessem estar. Não sabia sequer o nome que lhes foi dado.

A repetição intergeracional de padrões comportamentais e relacionais era notável nas histórias de vida das mulheres que atendia. Julgavam as mães e madrastas que não desempenhavam os papéis esperados de esposas e mães dedicadas. Censuravam aquelas que se tornaram garotas de programa e/ou dependentes de substâncias psicoativas. Criticavam as escolhas amorosas realizadas por elas e o fato de se submeterem, muitas vezes, a relacionamentos abusivos com parceiros violentos e infiéis. Desde a infância, sonhavam em ter uma vida que se diferisse completamente dos modelos observados. Contudo, repetiam exatamente os mesmos padrões[50]. Além dos fatores sociais envolvidos, talvez a ausência de gratificação das necessidades afetivas desde a infância pudesse levar a uma vida adulta na qual relacionamentos insatisfatórios continuavam presentes.

Valéria encontrou como mecanismo de funcionamento esporadicamente extravasar a enorme angústia que sentia de formas pouco aceitáveis em nossa sociedade: gritando, debatendo-se, quebrando objetos, batendo em outras pessoas. Na cadeia, sofria punição cada vez que agia dessa forma, mas não tinha tantos motivos para se importar com as consequências e, por isso, não as ponderava. Na verdade, não fazia diferença alguma para ela não poder receber visitas ou trocar correspondências, já que não mantinha nenhum laço social ou contato com o mundo externo há alguns anos.

---

[50] As mulheres aprisionadas possivelmente internalizam normativas de gênero que prescrevem como devem ser as mulheres em nossa sociedade, dotadas de características como docilidade, passividade e submissão, cumpridoras dos papéis de mãe e esposa dedicadas (GOMES; DINIZ; CAMARGO; SILVA, 2012; MAYORGA; COURA; MIRALLES; CUNHA, 2013). Embora culpassem as mães que não desempenharam tais papéis e sonhassem com uma vida diferente no futuro, grande parte repetia exatamente os mesmos padrões comportamentais.

Revoltada com o cotidiano prisional, o que mais a incomodava era não ter sequer uma pessoa com a qual pudesse contar, seja onde for. Ela não tinha ninguém que a amasse.

— Se eu sair daqui, não tenho para onde ir, não sei o que vou fazer. Estou cansada dessa vida! Não tenho ninguém no mundo! Por que ninguém me ama? Sinto um vazio que não tem como preencher!

"O AMOR ENLOUQUECE!"

Jaqueline e Renan conheceram-se ainda adolescentes. Ela, linda, chamava a atenção por onde passava. Ele, assim como todos os meninos da sua idade, queria conquistá-la. Com sua lábia e poder de persuasão, logo conseguiu o que desejava.

Exceto pelo ciúme de Renan, que talvez tivesse a sensação de que Jaqueline era demais para ele, a vida deles era tranquila. Iam à escola, ficavam em casa juntos e às vezes, saíam para lanchar, assistir a filmes e dançar, o que Jaqueline amava.

Ambos eram de famílias humildes e não tinham acesso a muito luxo. Ela observava outras meninas que tinham roupas de grife, sapatos, perfumes e maquiagens que não podia adquirir. Chegou a comentar com Renan sobre sua frustração e como gostaria de poder comprar o que almejava.

O namoro foi levado adiante por alguns anos. Renan tinha 20 anos e Jaqueline, 18, quando, um dia, ele chegou com um presente: uma calça jeans de uma marca famosa, exatamente como Jaqueline sonhava! Sua felicidade foi imediata!

Os presentes não pararam por aí. Ela ganhou outras roupas, sapatos, maquiagens e perfumes, todos exatamente das marcas que ambicionava.

Inicialmente, Renan, desempregado, inventava desculpas para explicar como havia conseguido comprar aqueles presentes. A verdade é que, embora Jaqueline desconfiasse que algo diferente pudesse estar acontecendo, nem queria realmente saber do que se tratava. Queria continuar recebendo aqueles presentes que aumentavam ainda mais os olhares dirigidos sobre ela, o que era viciante. Era como se os olhares de admiração a alimentassem e aumentassem o desejo de estar a cada dia com algo que a deixasse ainda mais bonita.

— Eu não vou mentir para a senhora, eu estava deslumbrada! Nunca tinha tido aquelas coisas e, de repente, eu podia ter! Hoje, que eu estou presa, longe de todo mundo, sem minha família e sem minha liberdade, eu vejo que bens materiais não são nada. Mas naquela época, eu não conseguia pensar dessa forma não!

Jaqueline fez-se de cega por algum tempo, mas a verdade era evidente: o namorado estava comercializando drogas. Ele prometeu que não teria problema algum com aquilo porque nunca seria apanhado pela polícia. A ideia era ganhar um bom dinheiro para abrir algum negócio legal e poder cessar a atividade ilícita. Jaqueline prometeu que guardaria segredo e assim o fez.

O problema foi que Renan foi descoberto, assim como seu cunhado, já que traficavam drogas juntos. Ambos foram presos com as respectivas companheiras, acusadas de tráfico e associação ao tráfico.

No início, Jaqueline e Renan ficaram no mesmo presídio. O sofrimento de ambos era intenso e só queriam uma coisa: encontrarem-se. Depois de algum tempo, conseguiram provar que tinham um relacionamento consolidado e tiveram a permissão para a visita social. Essa modalidade de visita não permite nenhum tipo de privacidade, nem sequer para conversas, que acabam sendo escutadas reiteradamente por todos ao redor. Eles passaram a desejar a visita íntima, mas as regras do presídio só a permitiam para casais legalmente casados, que tivessem escritura pública registrada em cartório ou sentença judicial declaratória de reconhecimento de união estável. Também era necessário realizar alguns exames de saúde. Com a ajuda da família, Jaqueline e Renan casaram-se. Os exames médicos foram realizados no presídio após a insistência do casal, embora tenham tido que aguardar bastante tempo para a realização destes e análise de seus resultados. Quando finalmente todo o processo havia sido realizado, receberam a notícia: poderiam ter visita íntima e aconteceria naquela noite.

— Meu Deus do céu, quando eu soube que estaria com ele naquela noite, me deu um frio na barriga que nem consigo explicar! Depois de meses sem estar com ele, finalmente eu poderia conversar com ele de verdade, deitar no peito dele, sabe? Eu ia poder tocar o corpo dele, beijar a boca... eu só conseguia chorar de emoção! Quando a agente penitenciária contou que ia dar certo, as meninas na cela começaram a gritar de emoção comigo... porque nenhuma nunca tinha conseguido, né? Todo mundo ficou feliz!

A alegria de Renan nem cabia em seu peito. Poderia finalmente voltar a ter em seus braços a mulher que venerava, da qual se orgulhava ter com exclusividade total.

Os gritos de comemoração foram escutados por todo o presídio. Os funcionários e a população carcerária souberam da novidade: Jaqueline e Renan teriam visita íntima. A expectativa contagiou a todos[51].

À tarde, Jaqueline estava até em dúvida se iria ou não tomar banho de sol.

— Eu nem sabia se ficava me preparando mais para aquela noite ou se tomava banho de sol. Eu decidi ir porque já tinha me arrumado: tinha feito as unhas, tirado a sobrancelha, raspado os pelos do corpo. Depois, era só tomar um banho caprichado de novo e passar hidratante, né?

Quando saiu da cela, avistou uma viatura na qual estavam adentrando alguns rapazes presos. Dentre eles, Renan. Quando o viu, imaginando que ele seria levado a alguma audiência, sorriu para ele. Recebeu de volta um olhar de tristeza, misturado com revolta. Percebeu que algo estranho estava acontecendo. Começou a gritar questionando a agente penitenciária aonde o marido estava indo.

— Eu não sei — respondeu a agente.

Jaqueline não se contentou com a resposta. Gritava desesperadamente:

— Renan, Renan!

O presídio todo, mais uma vez, ouviu os gritos.

Renan, que já estava dentro do camburão, nem sequer conseguia ser ouvido. Ele foi transferido para uma penitenciária de grande porte, longe dali.

— Eles nem sequer me deixaram dar um abraço de despedida nele, senhora! Foi muito injusto! Foi muito triste! Não sei o que vou fazer sem ele!

Pouco tempo depois, Jaqueline também foi transferida para uma penitenciária feminina ainda mais distante. O casal manteve o relacionamento a partir de correspondências.

Dois anos depois, Jaqueline foi liberta. Estava visitando regularmente o marido na penitenciária em que ele se encontrava.

---

[51] Destaca-se que o fato de todos no presídio saberem exatamente quem terá visita íntima e quando ela ocorrerá levanta questionamentos acerca da privacidade da visita, não apenas devido à falta de estrutura para a sua realização (PAZ, 2009).

Um dia, a irmã de Renan, que permaneceu presa no presídio em que eu trabalhava, solicitou atendimento psicológico urgentemente. Entrou na sala chorando, aos prantos.

— É o meu irmão, ele enlouqueceu!

— Como assim? Enlouqueceu?

— É! Ele não comia mais, começou a ver vultos, falar coisas estranhas. Parece que estava tendo delírios, aí levaram ele lá da penitenciária para um hospital psiquiátrico judiciário, mas ele não voltou ao normal não! Meu pai foi lá e disse que nem dá para reconhecê-lo.

— E quando ele começou a demonstrar esses sintomas?

— Ah, faz uns quarenta dias. Disseram que foi por conta da Jaqueline. Ele sempre foi gamado nela, né? Ele amava demais aquela mulher! Aí ele recebeu um vídeo dela transando com outro. Parece que todo mundo lá da penitenciária assistiu ao vídeo pelos telefones celulares. Quando ele viu, ficou louco! É o que dizem: "o amor enlouquece!".

"Quero morrer!"

Não foram apenas Renan e Jaqueline que foram subitamente separados por uma transferência assim que a documentação para a visita íntima ficou pronta.

Isabela e Robson formava um casal jovem e belo. Ambos tinham 18 anos quando foram aprisionados por tráfico de drogas. A atividade ilícita foi apresentada ao Robson por Rubem, cunhado de Isabela, que acabou levando-o para o mesmo caminho.

As irmãs Isabela e Daniela foram criadas pelos pais em uma família de classe média. Todavia, ainda na infância das meninas, o pai faleceu e a mãe, que não trabalhava, passou a enfrentar inúmeras dificuldades para criar as filhas. Acabou com tudo o que o marido tinha deixado e a adolescência das irmãs foi permeada por problemas financeiros. Acostumadas com conforto, tiveram que aprender a viver segundo outro padrão. A mãe instruiu-as a procurar um marido rico e tinha a certeza de que conseguiriam. Afinal, eram loiras, tinham olhos azuis e uma beleza exuberante que seguia aos padrões estéticos dominantes. Só assim poderiam voltar a viver como outrora.

Educada para isso, Daniela, a mais velha, envolveu-se com Rubem, um traficante famoso na cidade. Passou a ganhar presentes caros e também os oferecia à mãe e à irmã. Todas adoravam Rubem e tudo o que ele proporcionava.

Isabela não seguiu os passos da irmã. Ainda no colégio apaixonou-se perdidamente por Robson, que nada tinha a oferecer, a não ser seu coração. Foi seu primeiro amor, seu primeiro homem. Ele preenchia todas as necessidades afetivas de Isabela. Faziam tudo um pelo outro e não desgrudavam.

Rubem passou a ajudá-los financeiramente. Dava dinheiro para que eles pudessem passear e namorar. Aos poucos, foi pedindo a ajuda de Robson nos negócios e ele foi sendo inserido no tráfico.

As mulheres da casa sabiam de tudo, mas não reclamavam. Afinal, usufruíam do dinheiro proporcionado. Daniela contou:

— Antes de conhecer o Rubem, a gente passava necessidade de tudo, mas fingia para a sociedade que estava tudo bem. Eu estava cansada de ser humilhada. Não tinha dinheiro para nada, não podia nem sair com as minhas amigas. Quando ele chegou, me encheu de roupas caras, todas de marca. E ele me ama de verdade, sabe? Ele me deu até um Camaro, acredita? Ele estava me ensinando a dirigir para eu poder andar com meu carro novo.

Nenhuma das três chegou a comercializar drogas, mas às vezes, atendiam telefonemas e davam recados dos clientes para Robson e Rubem.

Investigados por muito tempo, eles foram presos. Com eles, levaram as mulheres.

— Eu morro de vergonha de estar aqui! — Dizia a mãe, preocupada com o que as pessoas pensariam sobre ela.

A maior preocupação de Daniela era com o filho, fruto do relacionamento com Rubem.

— Se pelo menos a minha mãe não tivesse sido presa, ele poderia ficar com ela. Mas eu não tenho mais ninguém. Tive que deixá-lo com os parentes do Rubem que nem conheço direito. Aí, não sei nem se ele está sendo bem tratado. Isso parte meu coração. Dinheiro nenhum compensa essa dor que estou sentindo. Nunca mais vou deixar isso acontecer! Estou muito arrependida!

Já Isabela, só pensava em Robson. Lutaram para conseguir a visita social e estavam se vendo aos finais de semana.

— Eu não vivo aqui dentro. Não vejo graça em nada. Não tenho assunto com as meninas da cela. Nem com a minha mãe e a minha irmã eu converso direito. Não tenho vontade de fazer nada. Dinheiro nenhum compensa isso não! A única coisa que me motiva um pouco é ver o Robson. Se eu não tivesse ele aqui, acho que me mataria.

Contrataram um advogado para providenciar a documentação necessária para terem a visita íntima, casaram-se legalmente e fizeram os exames médicos requisitados. Os laudos médicos já haviam sido analisados e a visita liberada pela equipe profissional. Embora tudo já estivesse pronto, um profissional da equipe de segurança não hesitou em salientar sua opinião:

— Não deveríamos permitir isso! Esse cara é traficante e com certeza tem acesso às drogas aqui dentro. Com certeza, a Isabela vai pegar com ele e levar para a cela feminina. Isso não pode acontecer!

Infelizmente, nos presídios, muitas vezes, de nada adianta o que consta na legislação ou as questões éticas envolvidas. As palavras de alguns profissionais baseadas no que eles supõem parecem preponderar a partir de meios que nem sempre ficam claros.

No outro dia, recebi uma solicitação de atendimento vinda de Isabela, o que ela não costumava fazer. Ela era quieta, fechada e parecia desconfiar de qualquer pessoa do presídio, o que transferia inclusive a mim. Talvez, naquele dia, tenha optado por arriscar em um momento de desespero, no qual precisava desabafar.

Quando a chamei, imaginei que, independentemente do que estivesse acontecendo, ela ficaria feliz em saber que teria a visita íntima pela qual havia tanto lutado.

Ela adentrou na cela e mal se viam os azuis de seus olhos que estavam totalmente inchados e avermelhados. Chorando desesperadamente, disse-me:

— O Robson foi transferido. Quero morrer!

"As coisas mudam, né?"

De todos os "traficantes" que conheci na prisão, talvez Rubem fosse o único que realmente pudesse se encaixar nessa categoria. Afinal, tinha dinheiro até mesmo para comprar um Camaro proveniente dessa atividade. Os demais geralmente eram usuários ou estavam inseridos nas pequenas atividades do ramo, sem que obtivessem lucros exorbitantes. Tratava-se de uma forma de garantir a sobrevivência e o próprio consumo, na maioria das vezes. Além de pobres, a maioria esmagadora era composta por pessoas não brancas e com baixo nível de escolaridade, denunciando a seletividade penal presente em nosso país.

Rubem era uma exceção. Além da posição de chefia ocupada e do seu alto poder aquisitivo, era bem articulado, o que possivelmente justifica o curto período que esteve na prisão. Em poucos meses, ele, sua esposa e a família dela foram libertos.

Na prisão, Daniela, Isabela e a mãe demonstravam arrependimento e diziam que jamais seriam coniventes com a continuação dos negócios de Rubem. Choravam abundantemente enquanto pensavam que não valia a pena pagar um preço tão alto por suas ações e, principalmente, silenciamento diante do que viam. Já Rubem e Robson não demonstravam o mesmo pesar.

Um dia, eu estava no centro da cidade quando avistei as três mulheres da família saindo de uma boutique que vendia roupas caríssimas com muitas sacolas na mão. Estavam maquiadas e bem arrumadas. Quando me viram, abaixaram a cabeça e tentaram desviar o olhar. Eu arrisquei um sorriso singelo e Daniela, sem graça, disse:

— Olá! De pensar que esses dias estávamos naquele lugar e eu tinha até que lavar a privada dos guardas. Graças a Deus, as coisas mudam, né?

"A VIDA DO CRIME É ASSIM!"

A história de Karla, com suas singularidades, apresenta eventos que infelizmente repetem-se na vida da maioria das mulheres aprisionadas. Quando criança, sofreu abuso sexual por parte do padrasto, o que a marcou muito.

— Tento esquecer, senhora Ana, mas não consigo. Às vezes, do nada, vem a imagem dele passando a mão em mim — relatou.

Karla enfrentou a violência sexual em silêncio durante anos. Sentia que, de alguma forma, tinha culpa daquilo. Na adolescência, resolveu contar para a mãe e teve certeza de que seus pensamentos não estavam errados.

— O Joaquim nunca faria isso! Você que é uma puta e quer meu homem, por isso, está inventando essa história! E se ele tiver feito algo, a culpa é sua! Você acha que eu nunca percebi que você fica provocando ele? — Perguntou a mãe.

Aquelas palavras foram internalizadas por ela, que pensava:

— Só posso mesmo ser uma puta. Devo ter provocado essa situação!

Desde a infância, ela trabalhava. Ainda criança, tomava conta de outras. Alternava os serviços de babá e faxineira. Na adolescência, aprendeu a fazer unhas e também se tornou manicure.

Foi ainda nessa fase da vida que teve o grande amor de sua vida: sua filha. O pai não quis reconhecer a paternidade. Como já estava habituada a cuidar de crianças, para ela, não foi um choque ter que cuidar de mais uma sozinha. Afirmou ter se apaixonado pela menina assim que ela nasceu.

— Ela nasceu tão encantadora! Na hora que eu vi a Lorena, prometi para mim mesma que daria uma vida diferente para ela — contou-me.

Embora utilizasse drogas, Karla jamais abandonou suas atividades laborais e a responsabilidade do cuidado da filha.

Não obstante, as palavras de sua mãe não saíam de sua cabeça. Resolveu tornar-se aquilo que já acreditava ser e passou a conciliar a prostituição com os outros trabalhos que realizava.

— Conheço muitas meninas que se tornam garotas de programa e que não curtem o que fazem. No meu caso, eu gostei. Eu gosto muito de sexo, sempre gostei! Eu nunca disse isso para ninguém, mas, inclusive, às vezes, eu gostava das sensações que tinha com meu padrasto. Era estranho porque tinha nojo, medo dele. Ao mesmo tempo, algumas coisas que eu sentia eram gostosas. Acho que por isso que eu me sentia tão culpada.

Karla comentou que algumas garotas de programa romantizam demais as coisas, ficam sonhando com um príncipe encantado, alguém que as retire daquela situação. Seu caso era diferente: gostava do sexo; sua dificuldade era formar e manter vinculações afetivas.

— Conheci alguns homens que queriam me ajudar, mas eu nunca quis. Teve um que pretendia até casar! Mas eu não consigo me apegar a ninguém! A senhora acha que isso é normal? E acha que tem alguma coisa a ver com o que eu passei com meu padrasto? Tem hora que eu penso que aprendi a gostar só das sensações de prazer, mas não das pessoas. No fundo, acho que todo homem é cafajeste e nenhum presta.

Os relacionamentos de Karla sempre foram assim: intensos sexualmente, mas com distância emocional.

— O único amor da minha vida é a minha filha! Faço tudo por ela! Não quero saber de relacionamento com homem não! Aqui na cadeia, eu até troco carta com um, sempre com conteúdo erótico. A gente escreve cada coisa um para o outro! É bom que ajuda a passar o tempo, sabe? Mas nada de planejar coisas para o futuro. Eu não consigo — disse-me.

Um dia, após o trabalho, Karla comprou um pouco de droga, que iria utilizar. Ainda próxima à biqueira, foi abordada por policiais e presa, acusada de tráfico de drogas. Embora jamais tenha se envolvido com o comércio ilegal de drogas, algumas de suas características pessoais possivelmente contribuíram para que fosse condenada posteriormente: era negra e pobre. Além disso, prostituta. Em nosso país, o hiperencarceramento a que temos assistido é justamente de mulheres com essas características[52].

---

[52] A maioria das mulheres aprisionadas no Brasil é composta por jovens entre 18 e 24 anos (25,22%), de etnia parda e negra, que somadas totalizam 63,55% da população feminina encarcerada. A maior parte delas é solteira (58,55%) e possui ensino fundamental incompleto (44,42%) (INFOPEN MULHERES, 2017). A privação da liberdade costuma ser um destino provável em caminhos repletos de escassez e permeados por mecanismos de exclusão em um país marcado pela seletividade penal e hiperencarceramento dessa população específica.

— Acho injusto, mas vou superar isso. O que é mais difícil é ficar longe da minha filha — salientou Karla.

Ela já havia cumprido quatro anos de prisão sem vê-la.

— Não quero que ela entre num lugar como esse, mas escrevemos cartas uma para a outra todas as semanas e sei que ela está sendo bem cuidada pela minha irmã[53].

Devido ao bom comportamento e às atividades laborais que exercia no presídio como faxineira, conseguiu o direito a uma saída temporária.

— Nem acredito que vou ver minha filha! Quero ficar a semana toda só abraçadinha com ela. E, sabe, já estou limpa há quatro anos. Não coloquei mais droga na boca desde que vim presa e nunca mais quero voltar a usar! Só quero cuidar da Lorena! — Afirmou Karla assim que soube da saída temporária.

Antes de sair, já não parecia mais tão animada. Quando foi limpar a sala de atendimento, perguntei a respeito de suas expectativas e embora ela tenha dito que imaginava que seria bom visitar sua casa, sua apatia era perceptível.

— Está acontecendo alguma coisa, Karla? — Perguntei.

— Não, senhora Ana, nada não — respondeu ela.

Após uma semana, soube que Karla havia voltado da visita temporária carregando uma grande quantidade de drogas dentro da cavidade genital. Havia sido flagrada e acusada novamente do crime de tráfico de drogas, o que foi encaminhado ao juiz. Certamente, além da perda das saídas temporárias, sua pena aumentaria.

A situação também acarretou a perda de seu trabalho na faxina do presídio e eu já não a via diariamente. Chamei-a para um atendimento psicológico e Karla adentrou na sala com olhos inchados por tanto chorar.

— A senhora sabe que eu nunca trafiquei na vida. Eu sempre trabalhei. O que aconteceu, eu não posso contar para ninguém, só vou contar para a senhora porque confio demais em você.

— O que foi, Karla?

— Eu fui ameaçada pelos irmãos do PCC: ou eu trazia as drogas que eles queriam, ou eles iriam matar minha filha. Eles disseram

---

[53] Aparentemente, o amor de Karla pela filha estava envolto de idealização, possivelmente uma estratégia que a ajudava a prosseguir diante da dura realidade.

que se eu comentasse isso com alguém, ela seria morta. Eu estava morrendo de medo de ser pega, mas não poderia arriscar a vida da minha menina. Fiz o que eles mandaram e deu nisso.

Karla disse que confessaria a responsabilidade pelo crime na nova audiência, sem contar nada acerca da ameaça sofrida.

— Não quero perder minha filha! Prefiro ficar aqui por mais alguns anos — afirmou Karla.

Ela estava decidida. Pedi sua permissão para que chamássemos o advogado do presídio, talvez ele pudesse ter alguma ideia e era uma pessoa de confiança.

— Eu sei que a senhora quer ajudar porque a senhora tem bom coração, mas não adianta. A senhora não tem noção de como funciona o mundo do crime. Se eles disseram que vão matar minha filha é porque vão matar. Eu não quero correr o risco! Nunca vou contar isso para ninguém e nem a senhora. Esqueça isso! Não podemos contar porque é a vida da minha filha que está em perigo.

Ela completou:

— A senhora acha que as drogas e os celulares que são encontrados aqui dentro são de quem os assume? São todos laranjas! Quem assume é quem está sendo ameaçado, quem está com alguma dívida. Os donos mesmo ficam sempre na mordomia. Eles pagam pelo silêncio de alguns, compram as vozes de outros, colocam a vida de familiares no jogo.

Considero que uma das maiores dificuldades que enfrentei ao trabalhar em presídios foi sentir-me de mãos atadas, como nessa situação. Para mim, era angustiante e penoso escutar a respeito de situações tão injustas e casos que envolviam a vida e a morte das pessoas.

Karla deixou sua mensagem:

— Não tem como a senhora fazer nada, só se conformar. Não dá para mudar as coisas, a vida do crime é assim![54]

---

[54] A história de Karla teve um final feliz, ao menos temporariamente. Ela nem sabe como, mas foi absolvida da nova acusação de tráfico de drogas e conquistou a liberdade pouco tempo depois desse episódio. Hoje, trabalha como manicure e cuida da filha que tanto ama. Infelizmente, seu caso foi uma exceção em um contexto no qual teoricamente a justiça deveria ser feita, mas é a injustiça que prepondera a todo o tempo.

"É A FANTASIA QUE ME DÁ FORÇA AQUI!"

Dona Rita era famosa no presídio. Aos 60 anos, já tinha cumprido pena algumas vezes, assim como seus seis filhos. A cadeia já parecia fazer parte da realidade deles, era um destino esperado. Na cela, era chamada de mãe por algumas das meninas e tentava proteger àquelas com as quais havia estabelecido vínculo. Todas se calavam diante de sua voz, altamente respeitada.

Vivenciou muitas experiências e contava ter sido a garota de programa mais desejada da cidade. Teve muitos maridos, amores e amantes, todos envolvidos com a criminalidade. Os relacionamentos eram sempre curtos.

— Aproveito cada momento com meus homens, mas não sei o que acontece que relacionamento nenhum dura muito tempo — disse-me certa vez.

Estava solteira quando foi presa, mas logo conheceu Geraldo, um rapaz de 20 anos, com o qual trocava correspondências. Por ser analfabeta, uma colega da cela ajudava-a nesta tarefa. Conheceu Geraldo ao se verem durante o banho de sol, o que foi possível porque ele estava no "seguro" e essa cela ficava localizada em frente ao pátio, possibilitando a troca de olhares e sorrisos.

— Ah, quando ele me viu, não resistiu! — Comentou dona Rita, com sua autoconfiança e o sorriso no rosto que a acompanhava, mesmo com poucos dentes para serem mostrados.

Nas cartas, o conteúdo erótico prevalecia. Além disso, planejavam ficar juntos após a conquista da liberdade, mas ela não acreditava que isso aconteceria.

— Já passei por muita coisa nessa vida. O caso com ele me ajuda a tirar a cadeia porque o tempo passa mais rápido. Aliás, sempre utilizei essa estratégia para me dar força aqui[55]. Tento curtir uma

---

[55] A manutenção de laços afetivos no cárcere pode servir como fonte de motivação, alento e esperança, conforme demonstram Granja (2015) e Figueiredo (2019, 2020).

paquera para esquecer meus problemas. A senhora já me ouviu falar dos meus problemas? Nunca falei! Não gosto de falar deles — afirmou.

De fato, ela não costumava expressar sua dor ou abordar as dificuldades que havia vivenciado. Nos atendimentos psicológicos, falava do presente ou futuro, sem entrar em detalhes acerca de todo o sofrimento já enfrentado.

— Eu evito falar, mas só Deus sabe o que eu passo e enfrentei. Tento sorrir, mas dentro de mim tenho o coração partido. Eu perdi muitos anos da minha vida presa, não vi meus filhos e nem meus netos crescerem direito. Vou contar uma coisa para a senhora... sabe aquela rebelião que teve aqui no presídio há alguns anos? Aquela que saiu um monte de preso queimado e uns levaram tiro lá na cela que eu estou hoje?

— Sim, já ouvi falar.

— Pois é! Um dos meus filhos estava aqui e ele morreu. Eu estava numa penitenciária na capital e fiquei sabendo de lá. Não pude me despedir dele, não pude dizer adeus, não pude ver seu corpo. Nem sei como tudo aconteceu exatamente. Ele era meu filho mais lindo e querido, e eu não pude nem o enterrar. Às vezes, lá na cela, fico imaginando se ele sofreu muito, onde o corpo dele caiu... fico pensando se durmo na mesma cama que ele dormia. Mas não comento essas coisas com ninguém! Para quê? Não tem o que fazer. Já foi! Prefiro me distrair com as cartas pro Geraldo, com os olhares lá no pátio. É o que me ajuda a seguir. Mas sei que ele tem 20 anos, que não vamos ficar juntos coisa nenhuma. Não me iludo, ao mesmo tempo, é a fantasia que me dá forças aqui!

"É MAIS VANTAGEM ARRUMAR MULHER LÁ DE FORA!"

Camila foi explorada financeiramente a vida toda. Após a perda dos pais biológicos e adotivos, passou a ser criada por Joana, uma prima do seu pai adotivo que a forçava a trabalhar, mesmo sendo uma criança. Todo o dinheiro deveria ser entregue a ela.

— Eu não tive infância! Tinha que acordar quatro horas da manhã para ir trabalhar na roça. Pegava aqueles caminhões cheios e ia para as plantações. Fizesse chuva, fizesse sol, eu tinha que ficar lá o dia todo ralando.

Fala com dor sobre as marcas da violência física da mulher que a criou, da exploração financeira que enfrentava e da violência sexual que sofria de Bento, marido de Joana. Foi duro ter tido a infância roubada.

— Ela só sabia me xingar e me bater. Ele, de madrugada, ia para a minha cama e ficava passando a mão em mim, me agarrando, se esfregando em mim, sabe? Depois, eu ainda tinha que sair para trabalhar, sendo que eu nem tinha dormido. Eu ficava o dia inteiro naquele sol quente trabalhando — contou entristecida.

Na vida adulta, passou a explorar a prostituição alheia, motivo de seu encarceramento. Infelizmente, recorrentemente, o oprimido identifica-se com o opressor e reproduz ciclos de violência. Algumas vezes, as repetições são intermináveis[56]. Camila tentava justificar-se:

— Ah, eu acho que até ajudava as meninas. É claro que eu não deveria ter envolvido menores de idade, mas é o que dizem: "Hoje em dia, as menores estão sabendo mais que as mulheres mais velhas".

Antes da reclusão, ela teve relacionamentos afetivos conturbados. Queixava-se da falta de atenção dos companheiros e da presença do alcoolismo e violência doméstica nessas relações:

---

[56] Sugere-se, mais uma vez, a leitura de Smigay (2000).

— Eu sempre quis ter uma vida tranquila, mas não tive sorte. Todos os meus companheiros bebiam muito e me batiam. Depois, aprendi a bater de volta e vivíamos em guerra.

Ter sido aprisionada foi um choque para Camila, que jamais esperou por isso. No cárcere, conheceu Eduardo, um homem sedutor, cujo perfil diferia-se da maioria dos homens aprisionados.

— O Eduardo não é que nem esses ladrõezinhos que vêm parar aqui não. Na verdade, aqui só tem nóia, né? Esse povo rouba mesmo para poder usar droga. Já o Eduardo é diferente. Ele é ladrão conceituado; ganhava muito dinheiro com os assaltos que cometia. Eu tenho até medo porque nunca convivi com ninguém assim. Ele diz que me ama, que quer sair e mudar de vida. Eu não sei se é verdade, mas tem hora que eu acho que é porque a senhora acredita que ele recebia visita de uma namorada e cancelou a visita só por causa de mim? Pensa bem, cancelar uma visita por minha causa! A gente também troca cartas e ele promete uma vida lá fora comigo. Eu tento não criar expectativas, mas quando percebo, já estou imaginando a gente junto e casado. Eu até vejo nós dois lá na minha casa, na minha cama...

Desde que o conheceu, Camila só consegue pensar nele. É inevitável!

— Nossa, quando eu saio da cela para ter atendimento ou ir para o banho de sol, fico sempre olhando a janela da cela dele, esperando ele aparecer. Quando a gente se vê, me dá um frio na barriga que nem sei explicar. Na verdade, acho que estou completamente apaixonada! Não sei se é porque só tive homens que não prestavam e ele parece ser tão diferente. Ele é atencioso, carinhoso. A senhora tem que ver as juras de amor que ele me faz! Ele diz que vai cuidar de mim e da minha filha, que é para eu ter paciência que isso vai passar e vamos ficar juntos o resto da vida. Acho que isso que me dá forças para suportar isso aqui. Eu até fico em dúvida se é tudo verdade, mas no fundo, eu acho que é!

Ela explicou que certamente terminaria de cumprir sua pena antes de Eduardo, pois a pena dele era muito alta. Às vezes, supunha como seria sua vida lá fora sem ele.

— Eu fico pensando... já me acostumei a vê-lo pela janela quase todos os dias e receber suas cartas. Acho que não poderei visitá-lo imediatamente por causa das normas do presídio, caso eu saia de condicional, né? Não sei como vai ser ter que ficar sem ele. Vai ser uma tortura! Mas vou dar um jeito de mandar as coisas para ele e assim que minha visita for liberada, venho vê-lo. Vou acompanhá-lo até ele sair para a gente poder ser uma família, que nem ele promete.

    Coincidentemente, no mesmo dia, atendi Eduardo, que me contou sua história. Estava preso anteriormente em outro estado. Em uma saída temporária, resolveu fugir para a casa da irmã; não queria mais voltar a viver sob a opressão daquela penitenciária. No ônibus, conheceu Dara, que imediatamente topou ir morar com ele. Um dia, foram passear e Eduardo foi recapturado pela polícia.

    — A Dara foi ponta firme! Ficou comigo só uns dois meses lá fora e estava me acompanhado aqui, né? O problema foi que ela trouxe umas drogas aí que eu pedi. Na hora de entrar, ela ficou com medo e deu para trás. Eles desconfiaram e a visita dela foi cancelada. Agora vou ver se arrumo outra para trazer as coisas para mim, né?

    — E aqui dentro? Você conheceu alguém?

    — Nunca nem prestei atenção nas mulheres daqui de dentro não! É mais vantagem arrumar mulher lá de fora!

"Minha loira, minha morena!"

— A senhora precisa ver a carta que recebi hoje! Nunca vi carta tão linda! O Agenor descreveu detalhadamente tudo o que a gente já viveu, cada detalhe das nossas noites de amor. Enquanto eu lia, parecia que estava vivendo tudo de novo e que eu estava nos braços dele de verdade. A cada palavra eu me arrepiava todinha! — Disse-me Helena, entusiasmada.

O casal havia sido preso há cerca de três meses por tráfico de drogas. Eram muito jovens, mas já estavam há 13 anos juntos, desde a adolescência.

— Conheci o Agenor na porta da escola quando eu tinha 13 anos. Nunca mais fiquei longe dele — contou-me.

Mesmo com o histórico de um longo relacionamento e tendo três filhos, ainda não tinham conseguido o direito de visita íntima, como a maioria dos casais aprisionados. A burocracia exigida tornava o processo extremamente moroso. Viam-se na visita social aos finais de semana e comunicavam-se por meio de cartas. Apesar das restrições ao contato, Helena sentia que o relacionamento tinha até sido fortalecido após a reclusão de ambos[57]. As palavras de amor que lia, especialmente, davam força para que ela prosseguisse[58].

— É muito difícil ficar aqui longe da minha família e dos meus filhos, que não vêm me visitar. O que me dá um pouco de ânimo são as palavras do Agenor. É cada palavra bonita! E ele sempre

---

[57] Os impactos do encarceramento são paradoxais nos relacionamentos afetivo-sexuais; não se resumem exclusivamente a rupturas, mas também a reaproximações e fortalecimento de sentimentos amorosos, com uma forte presença de idealizações acerca da futura vida em liberdade (COMFORT, 2008; FIGUEIREDO, 2019, 2020; GRANJA, 2015; TOURAUT, 2012).

[58] As correspondências possibilitam a manutenção do contato no cárcere e servem como escape circunstancial e fonte de motivação diante do isolamento (FIGUEIREDO, 2019, 2020; FIGUEIREDO; GRANJA, 2020; GRANJA, 2015).

começa as cartas assim: minha morena. Acho tão lindo! — Exclamou suspirando.

Ela passou o atendimento todo contando o que o marido escrevia e como se sentia quando recebia cada carta. Além das lembranças acerca do passado, nas correspondências, planejavam uma vida futura tranquila, cuidando dos filhos e do relacionamento.

— Fico esperando ansiosamente chegar sexta-feira só para eu receber as cartas dele. É a coisa melhor do mundo a emoção que eu sinto quando elas chegam! Parece até que vou desmaiar — comentou risonha e envergonhada.

Deixei a sala de atendimento impressionada com o poder dessa forma de comunicação, com os sentimentos que suscitava, as fantasias que criava. Era um meio para se reviver momentos e criar expectativas — na maioria das vezes idealizadas — acerca de um futuro quase perfeito. De qualquer forma, servia de alento e propiciava esperança em um contexto deteriorante como o prisional.

Poucos dias depois, recebi Agenor para seu primeiro atendimento. Ele me contou que havia sido preso com sua mulher e que estava difícil demais não poder vê-la todos os dias.

— Estou com a Helena desde os 15 anos. Está difícil demais ficar sem ela! Meu maior orgulho é que eu sempre fui um homem fiel! Tirei ela da casa dos pais dela para vir morar comigo quando ela tinha 14 anos e, durante todo esse tempo, sempre fui fiel — proferiu altivamente.

Continuou relatando sua história de vida e, em um momento posterior, mencionou ter seis filhos. Lembrei que Helena havia afirmado ter três e pressupondo que ele havia falado anteriormente sobre fidelidade a partir do conceito de exclusividade sexual entre o casal, perguntei confusa:

— Você e a Helena têm seis filhos?

Agenor explicou que tinha três com Helena, sua morena; mais três com Jussara, sua loira. Sempre se dedicou intensamente às duas famílias e uma nunca soube da existência da outra.

— Em todo o tempo, estive ali para tudo, para as duas! E faço tudo igual! Se dou um presente para a Helena, dou um para a Jussara. É o que disse para a senhora, eu sempre fui fiel, sempre dei apoio, nunca deixei faltar nada para nenhuma das duas, nem de comer e nem na cama. A senhora pode perguntar para elas que tenho certeza que as duas vão falar que estão satisfeitas! Eu também sou um paizão e não deixo faltar nada para os meus filhos. Até isso quis dar igual para as duas: quando dava um filho para a Helena, logo dava um para a Jussara também. Faço questão de fazer tudo igual! Até mesmo as cartas que eu escrevo para elas são exatamente iguais. Copio as mesmas palavras nas duas para não fazer desigualdade. A única coisa que eu mudo mesmo é o título: "Minha loira, minha morena!".

"Eu tenho é muita sorte!"

Os olhos azuis de Kora lacrimejavam todas as vezes que nos víamos. Sentia-se injustiçada com a prisão, embora considerasse que o contato com pessoas provenientes de uma realidade tão diferente da dela estivesse trazendo crescimento e aprendizagem. A raiva inicialmente direcionada à Iasmin, responsável pela acusação que a levou à prisão, também foi sendo amenizada durante o cumprimento da pena.

— Agora só desejo mesmo coisas boas para a vida dela, que ela seja feliz e me deixe em paz — comentou.

Kora conheceu Olavo após uma troca de olhares em um semáforo e apaixonou-se. Logo, ela engravidou e o casal passou a morar junto. O problema foi que ele já tinha uma história com Iasmin, o que continuou, em segredo. A moça, inclusive, frequentava a casa deles como amiga e levava sua filha consigo. O caso foi descoberto por Kora, que exigiu que ele rompesse bruscamente o relacionamento com a amante.

— Eu fiquei muito ferida! Nem queria continuar o relacionamento! Como ele pôde fazer isso comigo? Ele insistiu para continuarmos juntos, aí exigi que ele jamais voltasse a falar com ela e a retirasse de todas as redes sociais — contou-me.

Segundo Kora, Iasmin ficou inconformada com o fim da relação. Não aceitava o fato de Olavo não a querer mais. Então, resolveu acusar o casal de ter estuprado sua filha e convenceu a menina a levar a história adiante. Embora os laudos médicos não tenham constatado penetração vaginal, o casal acabou sendo condenado após a declaração da menina de que atos libidinosos haviam ocorrido.

— Foi a palavra da menina contra a nossa e a gente não tinha como provar, mas a gente não fez nada! Eu juro por tudo que há de mais sagrado! Temos sobrinhos, outras crianças que convivem conosco. Uma coisa dessas jamais aconteceria! Todo mundo que convivia minimamente com a gente sabia disso — comentou.

Desde a acusação até a prisão, o casal enfrentou muitas dificuldades. Moravam em uma cidade pequena, na qual passaram a ser julgados pela população. Kora, amedrontada, nem sequer saía mais de casa.

— Eu não saía na rua! Fiquei apavorada, em pânico! Eu tinha medo de ser agredida porque esse tipo de crime é muito complicado, né? As pessoas não aceitam e já julgam sem saber. Tem gente que é até apedrejada — delineou enquanto revivia a sensação de desespero e lágrimas caíam de seu rosto incessantemente.

Aprisionou-se em sua própria casa até ser levada para a prisão.

— Nunca imaginei ser presa! Sempre agi de forma correta com todos! Eu era responsável, trabalhava e cuidava da minha filha. Para mim, foi um choque vir parar nesse lugar e ser tratada feito bicho. Perdi tudo: meu emprego, minha casa, o convívio com meus filhos — relatou aos prantos.

Se Kora era julgada pelas pessoas na rua, isso foi intensificado no cárcere, onde as regras do PCC predominam e esse tipo de crime é repudiado. Os homens que recebem essa acusação são impedidos de conviver com os demais e permanecem na cela denominada "seguro", o que aconteceu com Olavo. Ali encontram proteção contra possíveis retaliações advindas da população carcerária. Por outro lado, como há apenas uma cela feminina em vários presídios mistos, elas são obrigadas a permanecerem juntas, independentemente do crime cometido. Desse modo, Kora teve que enfrentar o medo de ser agredida fisicamente todos os dias de sua reclusão.

Essa é a realidade de muitas mulheres aprisionadas que permanecem em presídios mistos sem estrutura adequada para elas. Os conflitos intracela acabam sendo frequentes devido ao número elevado de mulheres em um mesmo espaço físico com histórias de vida e formas de viver totalmente diferentes. Enquanto os homens têm a opção de solicitarem uma mudança de cela quando surgem situações insustentáveis, essa não é uma possibilidade das mulheres em unidades prisionais com apenas uma cela destinada a elas.

— Eu não comia, eu não dormia. Eu vivia amedrontada. Imaginava que seria agredida a qualquer momento. À noite, eu ficava com um olho fechado e o outro aberto. Vivia com medo e pavor constante — descreveu Kora.

Um dia, a agressão aconteceu, conforme ela previa.

— A sorte foi que uma agente penitenciária logo veio e me tirou da cela, mas não tinha outra para me colocar porque só tem uma cela feminina, né? Foi muito complicado e eu fiquei morrendo de medo de ser jogada na cela de novo — disse-me Kora.

Sem opção, o casal foi transferido para outra unidade prisional.

— Eu agradeço muito a Deus pelo Olavo ter vindo comigo. Olhe para a senhora ver, agora lá na cela não tem nenhuma menina que foi presa com o marido e que eles tenham ficado juntos — relatou com gratidão.

Na nova unidade prisional, o relacionamento do casal foi fortalecido e ficou até mesmo melhor do que era anteriormente ao encarceramento. Esse é um fenômeno que pode ser observado em alguns casos. Embora o rompimento de relacionamentos e o abandono sejam frequentemente salientados ao abordarmos os impactos do cárcere nas vidas de mulheres, relacionamentos também podem ser mantidos e reavivados, especialmente quando ambos os parceiros se encontram reclusos e têm a possibilidade de se comunicarem e/ou encontrarem[59]. No caso de Kora e Olavo, em posição de igualdade, um passou a apoiar o outro diante das dificuldades. Enviavam correspondências repletas de romantismo, promessas de amor, planos de uma vida futura tranquila e estável. Falavam-se todos os dias através das grades da janela da cela de Olavo, que ficava em frente ao pátio onde Kora tomava banho de sol. Eles também tinham visita social aos finais de semana quando podiam se ver, compartilhar sentimentos e angústias, procurando apoiarem-se mutuamente. Com o tempo, o casal obteve uma nova conquista rara no sistema prisional: a viabilidade de terem visita íntima. Inclusive, Kora foi a única mulher aprisionada que conheci e que gozava desse direito e descreveu:

— É maravilhoso, senhora Ana, porque parece que é o único momento que eu tenho paz aqui. É a única noite que eu fico tranquila; é um refúgio nesse lugar de tanto temor e sofrimento. A senhora tem noção do que é poder encostar a cabeça da pessoa que a gente ama e se sentir protegida mesmo num lugar como esse? Poder ter prazer e paz por algumas horas é fantástico! Acho que traz um pouco de cor nesse lugar tão cinza, força quando penso em desistir e conforto em meio às dificuldades. As outras meninas, nenhuma delas tem visita

---

[59] *E.g.*: Comfort (2008), Figueiredo (2019, 2020), Granja (2015), Touraut (2012).

íntima porque é burocrático demais. Ainda bem que minha família correu atrás de todos os exames médicos e do nosso casamento lá fora.

 O casamento ocorreu após a documentação ter sido providenciada por seu sogro. Eles assinaram o papel, cada um em sua cela. Jamais viram a certidão de casamento, mas comemoraram juntos quando souberam que estavam casados. Kora também improvisou um buquê de flores, que jogou para as meninas da cela como forma de celebração. Estão felizes e planejando uma vida repleta de união após a conquista da liberdade.

 — Sabe, no começo, eu não aceitava a prisão. Eu queria matar a Iasmin e pensei em me matar também. Hoje, eu tento ver o lado positivo, mesmo sofrendo muito. Vejo as meninas lá na cela que moravam na rua, não tinham o que comer. Também têm aquelas que são separadas do marido e ficam aqui sozinhas, sem visita. Eu não! Eu pude me casar, tenho visita íntima, vou poder constituir a família que sempre quis quando sair daqui e ainda estou mais perto de Deus desde que vim parar nesse lugar. A prisão fortaleceu muito meu relacionamento com o Olavo e com Deus também. Então, hoje eu percebo que, na verdade, eu tenho é muita sorte!

"Ele é meu amor para toda a vida"

— A senhora sabe que nunca falei assim da minha vida com ninguém? A senhora é a primeira pessoa para quem eu conto essas coisas. Acho que é porque a senhora se parece com a minha filha, aí fico mais à vontade para falar — disse-me Angélica.

Ela havia sido presa com seu marido Antônio, um dos caras mais renomados no mundo do crime que já atendi. Ele também me considerava parecida com a filha e partilhou sua vida comigo sem muita resistência.

Eles se conheceram na rua quando ainda eram adolescentes.

— A minha vida foi muito sofrida e a dele também. Desde quando nos conhecemos, passamos a nos ajudar — relatou Angélica.

Ela foi criada pelos pais até os 9 anos em uma cidade do interior do estado do Rio de Janeiro, quando seu pai resolveu sair de casa. A mãe, responsável pelo cuidado dos nove filhos, mudou-se para a capital, tendo em vista a escassez de emprego na cidade interiorana. Lá, passou a trabalhar como faxineira. Saía pela manhã e retornava apenas à noite. Angélica era a filha mais velha e tomava conta dos irmãos. Desde muito cedo, encarou as tarefas da maternidade, mesmo sendo irmã dos pequenos. O salário que a mãe recebia era ínfimo, insuficiente para alimentar todos os filhos.

— Às vezes, minha mãe chegava com dois pães. A gente tinha que dividir entre oito irmãos e era tudo o que comíamos o dia todo. Só para o bebezinho que não faltava o mingau. Meus irmãos mais novos choravam de fome e pediam coisa para comer. Eu não sabia o que fazer.

Um dia, estava na rua com alguns amigos. Um menino ofereceu a ela uma bolacha. Sem graça, ela perguntou:

— Você está falando sério? Eu posso pegar uma de verdade?

— Pode pegar até duas, se quiser. De onde veio esse pacote, pode vir muito mais — respondeu Otávio.

Ela nunca tinha comido uma bolacha recheada. Faminta, deu a primeira mordida e foi como se estivesse delirando.

— Nossa, parecia que eu tinha ido ao céu! Eu sei que fiz errado porque deveria ter levado as duas bolachas para dividir entre todos os irmãos. Mas quando experimentei, não resisti, aí comi uma bolacha inteira. A outra eu levei e reparti entre os menores. A senhora precisava ver o sorriso no rosto deles. Acho que eu nunca vi eles tão felizes!

No outro dia, reencontrou Otávio e curiosa, perguntou acerca da fonte daquelas bolachas que proporcionavam tanta alegria.

— Ah, eu pego no supermercado. É só pegar e colocar dentro da blusa. Vamos lá que eu te mostro — disse o garoto.

Inicialmente, Angélica relutou, pois parecia algo muito errado. Depois, escutou a voz do seu estômago e pensou na alegria dos irmãos. Eles teriam um pacote inteiro de bolacha só para eles. Decidiu acompanhar Otávio e aprender as manhas para não ser pega. Quando voltou para casa, os irmãos fizeram festa. Abraçavam Angélica para agradecê-la, beijavam-na e pulavam extasiados!

— Eu não estou contando isso para me justificar não. Eu sei que errei, que a culpa é minha. Acho que só estou contando para senhora saber como foi a minha vida. É que essa foi a primeira vez que eu roubei e depois, não parei mais por muito tempo — desabafou ela.

Aos poucos, os furtos foram aumentando e mudando de alvo. Quando percebeu, só andava com garotos(as) que passavam o dia armando planos para terem êxito em furtos cada vez maiores. A mãe percebeu a mudança no comportamento da filha. Irada, colocou-a para fora de casa.

— Não te eduquei para isso! Sempre te ensinei bons princípios! É melhor você sair daqui, senão vai ser um mau exemplo para os seus irmãos — disse a mãe.

Angélica ficou em situação de rua. Comia aquilo que conseguia furtar e, à noite, dormia perto da praia. Foi lá que conheceu Antônio, seu primeiro e grande amor. Na época, ela tinha 13 e ele 14 anos. Encontraram refúgio um nos braços do outro.

— Eu vou te proteger! Aqui é muito perigoso, mas vou cuidar de você — disse o garoto que também tinha uma história de vida permeada por dificuldades.

Durante a infância, Antônio presenciava o padrasto agredindo fisicamente a mãe e entrava nas brigas, tentando protegê-la. Apanhou muitas vezes, assim como seus irmãos mais novos. Acabou sendo expulso de casa e já estava em situação de rua há mais de um ano. Esporadicamente, a mãe aparecia com algumas coisas para ele comer e chorava implorando para que ele voltasse para casa. Dizia que convenceria o padrasto a deixá-lo ficar, mas Antônio sabia que ele não o aceitaria. Também tinha consciência de que a mãe não teria como se sustentar sem o padrasto, já que era dependente dele. Assim como Angélica, cometia furtos para sobreviver. Sonhava em um dia poder comprar uma casa para tirar a mãe e os irmãos das mãos do padrasto.

— A gente começou a dormir junto, no mesmo papelão. Quando estava frio, a gente se aquecia nos abraçando. Um dia, a gente se beijou. Depois, nunca mais a gente conseguiu ficar longe um do outro — contou-me Angélica.

Eles receberam o convite de um criminoso para tornarem-se seus funcionários. Tinham que roubar o que ele pedisse e traficar drogas. Teriam uma casinha para morarem e ganhariam uma pequena porcentagem. Foi assim que começaram a vida. Com o tempo, foram progredindo nos negócios. Antônio, especialmente, era muito esperto e visionário. Como não utilizava drogas e era de confiança, tornou-se um dos braços direitos do chefe. Angélica já nem precisava mais trabalhar. Ficava o dia todo em casa, da qual cuidava com muito amor. Logo, tiveram a primeira filha.

— A gente teve a Maiara, ela que se parece com a senhora, sabe? Aí, a gente queria dar um bom futuro para ela, dar estudo. A gente não queria que ela passasse por tudo o que enfrentamos — afirmou Angélica.

Posteriormente, tiveram mais dois filhos. Durante esse período, Antônio foi progredindo no crime e entrou para o Comando Vermelho, uma facção criminosa poderosa no Estado do Rio de Janeiro. Com isso, estava conseguindo ser um bom provedor em sua casa, como almejava. Todavia logo sofreu sua primeira reclusão.

— Ele já foi preso três vezes, sabe? Teve uma vez que ficou pouco tempo, mas das outras vezes ficou muitos anos. Eu sempre acompanhei ele. Eu fazia tudo o que ele gostava e levava para as visitas, sempre fiz a visita íntima também. Ele valorizava porque via o sacrifício que era para eu dar conta de tudo e cuidar sozinha dos nossos filhos quando ele ia preso, né?

Jamais se sentiram confortáveis com o fato de Antônio ser um criminoso. Quando ele saía da prisão, faziam vários planos para tentarem mudar de vida. Uma vez, ele chegou a iniciar um curso para ser chefe de cozinha, mas quando o pessoal da facção soube, ordenou que ele parasse.

— É um caminho sem volta. Quando eles percebiam que ele pensava em sair, já vinham e ameaçavam. Mas a gente sabia que aquilo não era vida, né? Viver com medo de ser morto ou preso de novo a qualquer momento, é ruim demais! A gente sabia que o destino dele seria a prisão ou o caixão, só que a gente nunca conseguiu enxergar saída.

Foram mais de 20 anos de envolvimento com a criminalidade quando o casal resolveu fugir. Foram para outro estado com algumas economias e estavam há cerca de três meses vivendo a nova vida.

— Ah, estava muito bom, né? Porque não tinha aquilo de ele sair de casa e eu nem saber se ele ia voltar vivo — relatou Angélica.

Todavia a identidade de Antônio foi descoberta e os policiais invadiram a casa deles. Naquele momento, Antônio ficou desesperado. Não queria voltar para a prisão, só ele sabia tudo o que havia enfrentado ali. Não queria se afastar da sua família, não queria repetir o mesmo ciclo novamente. Sem pensar, passou a trocar tiros com os policiais, o que foi em vão. Como tem muitos processos para responder, o fato de não ter se entregado pacificamente trará implicações na pena a ser cumprida. Dessa vez, a esposa também foi presa e nem sabe ao certo qual a acusação contra ela. Acredita que seja considerada cúmplice dos crimes do marido, que, na verdade, são vários. Foi a primeira vez que Angélica adentrou a um presídio como reclusa. Embora sempre tenha vivido conectada ao sistema penal, está apavorada com a nova realidade.

— É assustador estar aqui! Nunca senti algo tão ruim na vida! E olhe que eu já passei por muita coisa, né? Aqui, fico com uma sensação de medo, sufoco, pânico! E isso não passa. Não consigo nem dormir! Para piorar, descobriram que o Antônio é do Comando Vermelho e aqui é o PCC que comanda, né? Ele está no "seguro", mas eu estou na única cela feminina e fico morrendo de medo do que podem fazer comigo — disse-me aterrorizada.

Com o dinheiro do crime, Antônio ajudava a mãe, conforme um dia sonhou nas areias da praia.

— Eu lembro direitinho... eu ficava olhando para as estrelas do céu e vinha a imagem da minha mãe e dos meus irmãos apanhando. Jurei para mim mesmo que um dia teria dinheiro para tirá-los daquela situação — contou-me Antônio.

Entretanto, mesmo com sua ajuda financeira, sua mãe jamais deixou o padrasto.

— Até hoje não entendo porque ela permanece com ele, apanhando direto, mas a minha parte eu faço — descreveu.

Antônio e Angélica também conseguiram oferecer educação aos três filhos, que permaneceram no Rio de Janeiro em uma situação razoável. Pelo menos, proporcionaram uma vida diferente a eles, conforme sempre almejaram. Angélica orgulha-se de ter transmitido bons princípios e valores aos três:

— Hoje, graças a Deus, a Maiara já é advogada. Ela acabou de se formar e tenho fé em Deus que vai ser ela que vai tirar a gente daqui. Pelo menos a mim, sei que ela vai tirar logo. Acho que para o Antônio vai ser tudo mais complicado, né? Se eu sair primeiro, volto a fazer tudo de novo. Ele sempre cuidou de mim e eu dele. Só eu sei o que passo nessa vida de ficar vindo visitá-lo, sabe? É uma agonia. Mas fazer o quê? Pelo menos a gente tem um ao outro. Se ele ficar muito anos aqui, eu sempre vou estar ao lado dele, mesmo com todas as dificuldades. Ele é meu amor para toda a vida!

"Vamos ficar trancadas mesmo!"

Em ambos os presídios nos quais trabalhei, realizava grupos terapêuticos com as mulheres. Não foi fácil conseguir a autorização da direção para dar início a esse trabalho, pois o fato de as mulheres permanecerem sem algemas e de eu ficar trancada com elas no pátio ao longo dos nossos encontros não agradava a equipe de segurança. Eles temiam que eu fosse pega como refém, preocupação essa que eu jamais tive. Eu conhecia aquelas mulheres, sabia da relação de confiança que havia sido estabelecida entre nós. Também me sentia protegida por saber que uma das regras do PCC era a de respeito aos profissionais de saúde e atendimento psicossocial. Provavelmente, caso alguém isoladamente tivesse alguma ideia do gênero, os irmãos do PCC não permitiriam que ela fosse levada adiante.

Os grupos foram muito gratificantes e proveitosos. Permitiam trazer um pouco de vida àquele ambiente aflitivo. Ali, realizámos dinâmicas de grupo e as participantes dividiam não apenas comigo, mas também umas com as outras suas angústias, preocupações e sentimentos. Às vezes, também assistíamos a filmes e depois discutíamos nossas impressões. Eu procurava atender às demandas que vinham das próprias mulheres e cada encontro foi enriquecedor.

Telma Bragas, particularmente, amava nossos encontros. Seu sobrenome terminava com a letra S, acrescentada por ela ao final de quase todas as palavras que proferia. Quando me via pelos corredores, empolgada, sempre perguntava acerca do planejamento semanal para o grupo e dava sugestões, que eu frequentemente acatava.

— Senhora psicólogas, vai ter grupos terapêuticos essa semana? Qual vai ser o temas? Eu tenho uma dicas de temas — dizia animada.

Não apenas Telma Bragas, assim como as demais mulheres, demonstravam satisfação ao perceberem que alguém as escutava.

Acostumadas a andar com a cabeça baixa pela unidade prisional, pareciam gratas pelo simples fato de terem alguém que pudesse olhar em seus olhos e ouvir suas vozes.

Na segunda unidade em que trabalhei, os grupos eram realizados em um pátio cujo muro dividia o presídio de um cemitério. De um lado estava o cemitério dos vivos e do outro, o dos mortos[60]. Em frente ao pátio, ficavam algumas das celas masculinas. As grades eram extremamente finas e sobrepostas por uma tela para evitar a troca de objetos pelas janelas. Ainda assim, além da troca de olhares, compartilhavam bilhetes que eram dobrados em formato de canudos estreitos para que pudessem passar por ali. Geralmente, as mulheres aguardavam respeitosamente o término do grupo para o fazerem. De vez em quando, havia alguma transgressora, que era repreendida rapidamente pelas demais mulheres.

Um dia, combinei com a equipe de segurança o horário do término do grupo terapêutico. Seria às 17h30min, quando algum agente penitenciário deveria abrir os portões para a minha saída.

Pontualmente, encerrei a atividade e fiquei aguardando a abertura dos portões. Após meia hora, ninguém apareceu. Solidárias, as mulheres perceberam que já estava na hora de eu ir para casa e começaram a gritar comigo pedindo para que alguém viesse me retirar dali. Os gritos foram intensos, mas progressivamente foram diminuindo com o nosso cansaço até que desistimos. Ninguém nos ouviu; nada aconteceu.

Anoiteceu. A noite escura, a visão do cemitério, alguns gritos de desespero que vinham das celas e aquele cenário marcado por muros e arames farpados que traziam uma sensação de aprisionamento passaram a despertar algo inexplicável em mim. Uma sensação de sufoco misturou-se a um intenso desespero.

Sinto que, de alguma forma, vivenciei o confinamento todos os dias do meu trabalho, já que permanecia oito horas trancada nos presídios sem acesso algum ao mundo externo. Tive que me acostumar com a ausência do meu aparelho celular, da comunicação com meus familiares ou atualização acerca do que acontecia

---

[60] Uma alusão à seguinte obra: LEMGRUBER, Julita. **Cemitério dos vivos**: análise sociológica de uma prisão de mulheres. 2. ed., Rio de Janeiro: Forense, 1999.

lá fora. Durante três anos, passei pelo processo de prisionização secundária[61], pensando nos presídios e pessoas aprisionadas a todo o tempo, respirando aquele universo tão peculiar. Obviamente, sabia que, à noite, retornaria para a minha casa, o que era um alívio. Todavia, mesmo em casa, o presídio e meus pacientes não saíam da minha cabeça. Apesar disso, era impossível conjecturar exatamente o que as pessoas aprisionadas sentiam. A angústia de não saberem sequer quando sairiam dali — o que acontecia em muitos casos, tendo em vista a morosidade do sistema judiciário e a dificuldade de acesso às informações acerca dos seus processos — talvez seja inimaginável.

Naquela noite, acredito ter tido uma sensação relativamente próxima da que elas possam viver, mesmo que por minutos. Foi atormentador ficar por mais de uma hora na escuridão, gritando sem ser ouvida. Era como se eu não tivesse voz e aquilo me deixou aflita. Não consigo explicar o que senti naquele momento. Certamente, não tive medo das mulheres. Simplesmente queria sair e me senti agoniada por não saber quando isso aconteceria.

Após termos desistido de gritar, fiquei um tempo quieta, em silêncio, procurando respirar fundo e tentando não demonstrar aquilo que estava em meu coração. Depois, perguntei a uma das meninas:

— Isso acontece às vezes depois de eu ir embora? Eles demoram a retirar vocês daqui?

Ela respondeu:

— Eles fazem o que querem, quando desejam. Dizem que depende do funcionamento da unidade. No entanto o meu marido está naquela cela ali na frente, aí a gente fica paquerando.

— Nessa escuridão, com grades tão finas e uma tela de proteção? Como você consegue enxergar alguma coisa? Não consigo ver ninguém nas celas nesse horário!

— Aqui, a gente aprende a apurar os sentidos[62]. Até porque só posso olhar para ele, né? Se não, dá problema. Nem sei explicar para

---

[61] Este fenômeno é descrito por Comfort (2003), ao mencionar os efeitos do cárcere em companheiras de detentos. Já Chies, Barros, Lopes e Oliveira (2001) citam este processo de assimilação da cultura prisional em pessoas que trabalham nos estabelecimentos penais, especificamente nos agentes penitenciários.

[62] Situações semelhantes foram observadas por Paz (2009) em sua pesquisa em uma unidade prisional mista do Rio Grande do Sul.

a senhora como estou vendo, mas ele está naquela janelinha, me olhando por aquele buraquinho ali!

— E como você se sente quando eles demoram a abrir os portões? — Perguntei.

— No começo, eu ficava tensa e inquieta, mas agora nem ligo mais. De qualquer forma, vamos ficar trancadas mesmo!

"Esse motim só serviu para atrapalhar o contato com nossos homens!"

Quando chegamos ao presídio pela manhã, as demais funcionárias do setor administrativo e eu percebemos que algo inusitado estava acontecendo. Havia várias viaturas em frente ao presídio e espalhadas pela vizinhança. Agentes penitenciários de diferentes cidades, fortemente armados, fardados e encapuzados adentravam ao presídio ininterruptamente. Nenhuma informação nos foi dada acerca daquela situação.

Como de costume, as assistentes sociais, a outra psicóloga e eu subimos para a nossa sala, em frente às celas mais superlotadas do presídio. De repente, os gritos ficaram intensos e o edifício começou a chacoalhar, literalmente. Os quase trezentos homens presos movimentando-se ao mesmo tempo conseguiam mexer com as estruturas do prédio e o barulho era assustador. Todavia nada comparado ao que ouvimos em seguida. Tiros e mais tiros passaram a ser disparados continuamente. Eles pareciam estar sendo dirigidos justamente para as celas que ficavam em frente à nossa sala e nós não havíamos recebido qualquer tipo de orientação acerca de como proceder diante de casos como esses.

Assim que os tiros começaram, minhas quatro colegas de trabalho desceram as escadas apressadamente, como se estivessem em fuga em meio à guerra. Minha reação foi diferente. Na verdade, temia ser baleada enquanto estivesse descendo a escada tipo caracol, por isso, permaneci na sala. Enquanto pensava em como proceder, salvei o trabalho que estava realizando e desliguei o computador. Na verdade, estava apavorada, mas o fiz enquanto analisava as circunstâncias e decidia o que fazer. Eu julgava que deveria deitar no chão ao invés de correr por um caminho no qual estaria totalmente vulnerável e desprotegida. Embora tenha ponderado que essa seria a melhor atitude, ao ver-me sozinha, acabei arriscando-me a descer as escadas, assim como as demais funcionárias. Quando cheguei à sala do setor administrativo, distante das alas, todos comentaram acerca da minha coragem e calma, mal sabendo que havia ocorrido justamente o oposto.

— Ana, você é muito calma! Como que, com aquele barulho todo, você ainda foi pensar em salvar seu trabalho? Eu nem lembro o que estava fazendo, saí desesperadamente — disse-me uma das assistentes sociais enquanto tremia.

Expliquei que não estava tranquila. Pelo contrário, havia sido justamente o medo que havia me impedido de agir da mesma forma que ela.

Aquela situação perdurou a manhã toda. Sem sequer alguma informação sobre a conjuntura daquele momento, permanecemos ali juntas aguardando orientações posteriores. Quando finalmente algum agente penitenciário resolveu conversar conosco, riu da nossa atitude.

— Estávamos atirando para o teto e para o chão, não acertaríamos em ninguém... E vocês descendo aquela escada morrendo de medo... foi muito engraçado! — Exclamou um deles, zombando do modo como havíamos procedido.

Como adivinharíamos isso? Mesmo conjecturando que as balas deveriam ser de borracha, tínhamos conhecimento do estrago que poderiam causar, especialmente quando atiradas de perto. Estávamos mesmo amedrontadas e também temíamos pelos homens que estavam entre as grades, desarmados e desprotegidos.

Posteriormente, soubemos que tudo havia começado pela madrugada, quando foi encontrado um buraco entre uma cela e o corredor da ala.

— Até agora não entendi qual era o plano dos caras porque o buraco dava para um lugar que tinha um portão, que ficava trancado. Como eles pretendiam sair dali? O pior é que, desde quando isso aconteceu, a cela toda está de castigo e o clima aqui ficou ainda mais hostil. Não podemos trocar correspondências, sair para o banho de sol ou receber visitas por um mês. Agora, a senhora me fala a verdade... A senhora acha que eu, pesando 110 quilos, conseguiria passar por aquele buraquinho? Tem que rir para não chorar, né? Eles castigaram quase quarenta homens que estavam na cela sendo que isso deve ter sido obra de uns três — disse-me um dos homens da cela onde o buraco foi encontrado, revoltado.

— Foi horrível! Nesse frio, durante a madrugada, foi chegando um monte de guarda. Os caras são covardes, vêm todos encapuzados para não serem reconhecidos. Eles colocaram todos no pátio agachados. Nem tenho coragem de repetir o que eles diziam e faziam aqui para a senhora em nome do respeito que tenho. Aí, enquanto isso, outros reviraram as celas, destruíram nossos pertences e toda a nossa comida. Até mesmo a foto que eu tinha da minha esposa, já era. Isso porque eu nem estava na cela onde tinha o buraco. A senhora acha que tinha necessidade disso tudo? — Perguntou-me outro homem aprisionado.

Desde a madrugada, o clima era de tensão e, pela manhã, já dentro das celas, os reclusos se revoltaram contra o tratamento desumano que estavam recebendo ao longo de tantas horas. Foi quando começaram a gritar em sinal de protesto e a se moverem todos juntos em direção às grades. Logo em seguida, os tiros começaram, assim como a guerra entre os homens aprisionados e os agentes penitenciários. Os primeiros, em desvantagem, obviamente levaram a pior. O uso de sprays de pimenta e armas conseguiu silenciá-los após alguns minutos.

Após esse motim, a severidade ficou ainda mais intensa na unidade prisional. A preponderância da rigidez acabou castigando a todos. As mulheres queixaram-se principalmente dos empecilhos que foram colocados para a manutenção de contato com seus companheiros. Anteriormente, conseguiam formas de comunicação por meio de brechas da vigilância institucional, o que foi extremamente dificultado após o episódio.

— Não entendo a razão dos guardas estarem dificultando nossa vida. Acho que a reação deles foi totalmente desproporcional porque o buraco nem dava para saída nenhuma. Nossos homens se revoltaram mesmo diante de tanta violência, mas a gente não tem nada a ver com isso. Só que, desde quando isso aconteceu, o sistema está ainda pior. Os guardas não estão facilitando em nada. A senhora acredita que agora nem bilhete mais eu consigo trocar com o Ricardo? Conversar pela grade então, nem me atrevo! Esse motim só serviu para atrapalhar nosso contato com nossos homens!

"Vocês podem prender meu corpo, mas não a minha alma!"

Eram oito horas da manhã. Quando me aproximei da unidade prisional, ainda era possível enxergar fumaças, que saíam da cela feminina. Ao passar pelos portões da instituição, deparei-me com todas as mulheres viradas contra a parede, algemadas. Um agente penitenciário apontava uma arma calibre 12 para elas. O clima era de tensão.

Presídios são instituições fadadas ao fracasso. Não trazem reabilitação. Apenas separam da sociedade pessoas que sofreram segregação por toda a vida. A ideia é de conter riscos e perigos, evitando a violência. Todavia, nada é mais violento do que o Estado na vida dessas pessoas, antes, durante e depois da reclusão[63]. A violência é intensificada quando analisamos a questão das mulheres. Em uma sociedade marcada pela herança do modelo patriarcal, prepondera a invisibilidade dos seus direitos, o que é nítido durante o aprisionamento. Naquela unidade prisional, por exemplo, a primeira em que trabalhei, enquanto os homens tinham algumas possibilidades de trabalho que geravam benefícios como a remissão de pena, os únicos trabalhos disponíveis para as mulheres eram o artesanato e a faxina[64]. Algumas atividades escolares, culturais e esportivas eram oferecidas aos homens, o que nem era cogitado para as mulheres. Até mesmo o banho de sol feminino era reduzido[65].

Diante de tanta desigualdade, tentaram reivindicar seus direitos pacificamente inúmeras vezes. Mandaram bilhetes aos diretores e funcionários solicitando mudanças. Jamais foram ouvidas. Resolveram

---
[63] Sobre a violência do Estado e violações de direitos no cárcere, sugere-se as seguintes leituras: Pires (2018) e Soares (2002).
[64] Ou seja, apontavam a reprodução de tarefas domésticas atribuídas socialmente às mulheres, conforme aponta Carvalho (2014).
[65] Colares e Chies (2010) também apontam a desigualdade de gênero e sua intensificação em presídios mistos.

protestar. Em um movimento de resistência, iniciaram gritos na cela. Nada foi feito. Era como se nem sequer tivessem voz.

— Até nisso levamos desvantagem. Quando mais de 200 homens começam a gritar e a sacudir o presídio, eles vão correndo fazer alguma coisa porque parece que vão quebrar tudo, né? Com a gente não. Ficamos gritando por horas sem ninguém fazer nada — contou-me posteriormente uma das mulheres da cela.

Diante da surdez institucional, apelaram para a visão e o olfato. Quem sabe daria certo? Colocaram fogo nos colchões. A fumaça foi aumentando consideravelmente. Mesmo assim, demoraram a serem retiradas da cela, tendo que a inalar continuamente. A intervenção institucional, como sempre, não foi pacífica. Ao invés de serem escutadas, foram novamente punidas.

Conforme mencionado anteriormente, as mulheres aprisionadas não são castigadas apenas pelo crime cometido, mas pelo fato de não corresponderem às expectativas sociais depositadas sobre elas[66]. Espera-se das mulheres passividade, submissão, docilidade e dedicação à maternidade, o que é quebrado nos casos daquelas que são encarceradas. Aquele princípio de motim também era inesperado com relação às mulheres, já que não deveriam ser violentas, segundo normativas de gênero. Precisavam ser castigadas pela instituição. Foram colocadas ali contra a parede com uma arma gigante apontada para elas.

Naldo, um dos membros da equipe de segurança, foi resolver o problema.

— Vocês nem sabem fazer um motim direito! — Gritava.

Depois, achou conveniente provocar a mulher de José, que também estava preso.

— Magali, você não é a mulher do traficante mais poderoso da cadeia? Não é a fodona aqui? Cadê sua força agora, hein? Duvido que saia dessas algemas!

Essas foram suas palavras mais sensíveis. Naldo foi elevando a voz, desafiando-a com ar de deboche. Queria que demonstrasse algum poder diante daquela situação de vulnerabilidade.

---

[66] Recomenda-se novamente o acesso às seguintes autoras, que descrevem a dupla punição incidida sobre as mulheres aprisionadas: Carvalho (2014), Carvalho e Mayorga (2017), Cunha (2018), França (2014), Figueiredo (2019, 2020), Granja (2015).

Ninguém consegue explicar como, mas Magali conseguiu sair daquelas algemas. Eu, particularmente, penso que seus pulsos muito finos podem ter ajudado. Não é o que ela acredita.

— Acho que algum espírito me ajudou — disse ela posteriormente.

Assim que saiu das algemas, Naldo impetuosamente gritou para o funcionário que estava com a arma em mãos:

— Atire, atire!

O funcionário estava nervoso e apreensivo diante da situação. Ao escutar que deveria atirar, não conseguiu ponderar sua atitude. Impulsivamente, atirou. Seu sentimento de culpa posteriormente foi notável. Já Naldo, comemorou o ocorrido friamente.

A bala era de borracha, mas devido à proximidade em que se encontrava, fez um grande estrago em sua perna. Tratava-se de um tipo de projétil que se expandia e fragmentava pelo corpo. Além da dor, certamente deixará cicatrizes permanentes em Magali.

Ela foi levada para receber atendimento médico. Quando retornou à unidade prisional, passei na enfermaria para ver como ela estava. O ódio com relação à Naldo, o mandante do tiro, transparecia em seu olhar.

Logo, seu marido, que comandava a cadeia na ocasião, tomou conhecimento do que havia acontecido. Deu ordem para uma rebelião, que aconteceria à noite. Contudo, não teve tempo para isso. Em pouco tempo, Naldo e aqueles que estavam organizando o movimento foram transferidos para outra unidade prisional. Magali foi transportada por uma ambulância para um terceiro estabelecimento prisional.

Ter conseguido o improvável trouxe consequências desastrosas para Magali. Saiu das algemas naquele instante, mas teria que responder por falta grave e continuar cumprindo a pena longe do marido. Embora jamais tenham tido visitas íntimas, ali o casal tinha a possibilidade de se encontrar nas visitas sociais que aconteciam no pátio aos finais de semana. Além das possibilidades de contato formais, como as correspondências e visitas, lutavam para a manutenção do contato de outras formas, mais criativas. Enviavam bilhetes, recados. Também conversavam pelo "boi", ou seja, através de uma veneziana que havia no banheiro. Tudo isso foi perdido.

As relações de poder existentes em presídios não retiram apenas a liberdade, mas tentam sufocar vozes, reprimir desejos, impossibilitar contatos humanos, quebrar vínculos e a possibilidade de resistência. Essas tentativas são frequentemente frustradas, já que, mesmo presas, as pessoas lutam para a sobrevivência e para conseguirem manter o que nos mantém vivos: os vínculos afetivos.

Desde o episódio, Magali poderia manter o contato com o marido apenas por meio de correspondências, mas sabia que seria uma situação temporária.

Com as cicatrizes deixadas pela vida e pelo sistema prisional, prosseguiria lutando, resistindo. Aquelas marcas em sua perna deixavam claro que ela não seria abalada diante de qualquer dificuldade e indicavam sua superação.

— Essas cicatrizes mostram minha força! Eles vão ver, o mundo dá voltas! — Exclamou antes de deixar a instituição prisional.

Ao passar pelos muros prisionais, gritava repetidamente:

— Vocês podem prender meu corpo, mas não a minha alma.

Epílogo

Quando iniciei minha atuação no sistema prisional, sonhava recorrentemente que estava presa. Via-me de uniforme vermelho, dentro da cela feminina. Gritava agoniada pedindo socorro e querendo sair dali. Os barulhos dos portões sendo fechados, algemas colocadas e pessoas gritando aumentavam a minha angústia. Acordava desesperada e sem ar durante a madrugada.

Pondero que esse sonho se relacione a uma percepção que tive desde o primeiro atendimento que ali realizei: compreendi que não havia nada que me diferenciasse daquelas mulheres que estavam aprisionadas, exceto nossas histórias de vida. Na verdade, muitas delas tiveram suas vidas roubadas. Quando escutava acerca do passado delas e de tudo o que haviam enfrentado, conjecturava que certamente eu também estaria presa se tivesse vivenciado todas aquelas dificuldades. Como elas, estaria sentindo as dores do cárcere.

As mulheres às quais acompanhei sentiam falta de pequenas possibilidades que lhes são bruscamente retiradas com o encarceramento: respirar ar puro, admirar um dia ensolarado, contemplar a natureza, deliciar-se com seu prato favorito... Dentre os sofrimentos decorrentes de tantas perdas, o suscitado pelo rompimento dos vínculos afetivos certamente sobressaía em seus discursos. O grande anseio da maioria delas era poder simplesmente estar ao lado e perder-se nos olhos da pessoa amada.

Somos humanos e uma das maiores aspirações da humanidade é o amor. Se o alimento nutre nossos corpos, é ele que nutre as nossas almas. As histórias que escutava evidenciavam que, como cada um de nós, as mulheres encarceradas visavam suprir necessidades afetivas presentes desde tenra idade. Elas desejavam amar e se sentirem amadas. Para isso, algumas se tornavam subservientes, talvez em busca de impedirem a rejeição ou o abandono. Havia também aquelas que, mesmo sonhando com um relacionamento satisfatório, contraditoriamente esquivavam-se de qualquer vinculação, evitando o sofrimento diante de uma possível frustração. A maioria delas parecia faminta, já que a carência afetiva era intensificada no cárcere, gerando tristeza, protesto e desespero. Como um dia ali escutei, "a abstinência de amor é incomparável a qualquer dor".

Se as questões afetivas preponderam em situações de isolamento como o encarceramento, talvez possamos refletir acerca da relevância da valorização de cada conexão humana que estabelecemos em nossas vidas. Ao mesmo tempo, é possível perguntarmo-nos sobre o verdadeiro manancial para que encontremos o amor almejado. Este não deveria primordialmente ser procurado dentro de nós mesmos? Como podemos procurar no outro uma torrente afetiva quando a nossa fonte não passa de um deserto árido e seco?

Quando contemplamos cada episódio e as personagens aqui delineadas, talvez essa seja uma das grandes lições: a importância do amor próprio. Mesmo diante de situações nas quais não recebemos o afeto esperado, é possível seguir adiante, reinventando-nos criativamente e oferecendo a nós mesmos e ao próximo o que pode nos ter sido cruelmente recusado. A propósito, são justamente nos momentos de aflição e crise que podemos entrar em contato com a nossa força interior, vislumbrar novos caminhos, descobrir potencialidades previamente ignoradas e desenvolver um maior senso de segurança em nós mesmos e no mundo.

Assim, a presente obra intenciona proporcionar não apenas uma leitura prazerosa a partir de episódios atravessados por amor e paixão, que geralmente despertam nossa curiosidade, mas também valorosas reflexões sobre nós mesmos. Ademais, ela levanta questionamentos sobre o funcionamento da nossa sociedade, na qual estão presentes inúmeros mecanismos de exclusão, que talvez possam ser eliminados. Ao analisarmos cada história, notamos a singularidade de cada uma e, ao mesmo tempo, encontramos repetições, já que as mulheres frequentemente aprisionadas no Brasil possuem trajetórias maioritariamente assinaladas por opressões, violências, situações de invisibilidade e negligências. As possibilidades de acesso aos recursos econômicos, educacionais ou culturais são raras em todas as fases de suas vidas.

Ao entrarmos em contato com o cotidiano carcerário, conforme descrito no presente livro, é impossível não perceber como este é desumano e repleto de violações de direitos. A situação das mulheres é ainda mais grave, sobretudo em presídios mistos, nos quais suas condições específicas e necessidades integrais, como saúde, trabalho, educação, manutenção de vínculos familiares, afetivos e sexuais, parecem ser simplesmente desconsideradas. A dupla punição e a estigmatização incidida sobre essas mulheres geram impactos na família que recorrentemente levam ao desamparo e abandono enfrentados, ocasionando um sofrimento muitas vezes inexprimível.

Cada personagem revelou feridas profundas deixadas pela vida e pelo cárcere. As algemas, grades e amarras aqui mencionadas trancafiam não apenas corpos temporariamente, mas representam prisões sempre existentes que infelizmente têm grandes chances de perdurarem. As trajetórias delineadas confrontam a política de hiperencarceramento brasileira, os dispositivos de controle em vigor e o nosso silenciamento diante do genocídio literal e simbólico dessa população.

Sabendo que o atual modelo de prisão não produz resultados diante da criminalidade, não seria possível pensar em alternativas que possibilitem justiça e exercício pleno da cidadania por todos? Se os muros prisionais apenas pioram os vínculos sociais e oficializam a segregação daqueles que sempre foram marginalizados, não deveríamos pensar em meios que viabilizem derrubá-los?

As mulheres que inspiram este livro não estão mortas. Com depósitos afetivos vazios, queriam ter a possibilidade de traçar um novo destino e buscar estratégias para que segurança e afeto fossem encontrados, primordialmente, nelas mesmas. Sobreviventes, muito mais do que simplesmente não morrerem, almejam uma vida abundante de amor. Que as "Paixões aprisionadas" abram caminhos para histórias marcadas, essencialmente, pela liberdade!

Referências

AMARAL, Thaísa Vilela Fonseca; BARROS, Vanessa Andrade de; NOGUEIRA, Maria Luísa Magalhães. Fronteiras trabalho e pena: das casas de correção às PPPs prisionais. **Psicol. cienc. prof.**, v. 36, n. 1, p. 63-75, mar. 2016. https://doi.org/10.1590/1982-3703000852014

BADINTER, Elisabeth. **Um amor conquistado**: o mito do amor materno. Tradução de Walternsir Dutra. Rio de Janeiro: Nova Fronteira, 1985.

BOSS, Pauline. **Ambiguous loss**: learning to live with unresolved grief. Cambridge: Harvard University Press, 1999.

BOWLBY, John. **Apego e perda**. Apego: a natureza do vínculo. 2. ed. São Paulo: Martins Fontes, 1969, 3v. v. 1.

BOWLBY, John. **Formação e rompimento de vínculos afetivos**. 3. ed. São Paulo: Martins Fontes, 1979-1997.

BRASIL. Conselho Nacional de Política Criminal e Penitenciária (CNPCP). *Resolução nº 01*, **de 30 de março de 1999**. Recomenda aos Departamentos Penitenciários Estaduais ou órgãos congêneres seja assegurado o direito à visita íntima aos presos de ambos os sexos, recolhidos aos estabelecimentos prisionais. Brasília, 1999. Disponível em: https://www2.mppa.mp.br/sistemas/gcsubsites/upload/40/ato_normativo_federal_resol-01.pdf. Acesso em: 17 jun. 2019.

BRASIL. Conselho Nacional de Política Criminal e Penitenciária (CNPCP). *Resolução nº 04*, **de 29 de junho de 2011**. Recomenda aos Departamentos Penitenciários Estaduais ou órgãos congêneres seja assegurado o direito à visita íntima a pessoa presa, recolhida nos estabelecimentos prisionais. Brasília, 2011. Disponível em: http://www.direito.mppr.mp.br/arquivos/File/Resolucao04_2011Recomenda.pdf. Acesso em: 17 jun. 2019.

BRASIL. Ministério da Justiça. Departamento Penitenciário Nacional. **Levantamento Nacional de Informações Penitenciárias** – Atualização Dezembro de 2019 – Infopen, 2019. Disponível em: http://depen.gov.br/DEPEN/depen/sisdepen/infopen/infopen. Acesso em: 26 abr. 2020.

BRASIL. Ministério da Justiça. Departamento Penitenciário Nacional. **Levantamento Nacional de Informações Penitenciárias** – INFOPEN MULHERES – junho de 2017. Disponível em: http://depen.gov.br/DEPEN/depen/sisdepen/infopen-mulheres/copy_of_Infopenmulheresjunho2017.pdf. Acesso em: 26 abr. 2020.

BRASIL. Ministério da Justiça. Portaria n. 718, de 28 de agosto de 2017. Regulamenta a visita íntima no interior das penitenciárias federais. **Diário Oficial da União,** seção 1. Brasília, n. 167, p. 38, 30 ago. 2017. Recuperado de: https://www.in.gov.br/materia/-/asset_publisher/KujrwOTZC2Mb/content/id/19266268/do1-2017-08-30-portaria-n-718-de-28-de-agosto--de-2017-19266157. Acesso em: 02 jan. 2021.

CASELLATO, Gabriela. Luto não reconhecido: um conceito a ser explorado. *In*: CASELLATO, Gabriela (org.). **Dor silenciosa ou dor silenciada?** Perdas e lutos não reconhecidos por enlutados e sociedade. Campinas: Editora Livro Pleno, p. 19-34, 2005.

CARVALHO, Daniela Tiffany Prado; MAYORGA, Claudia. Contribuições feministas para os estudos acerca do aprisionamento de mulheres. **Revista Estudos Feministas,** Florianópolis, v. 25, n. 1, p. 99-116, jan./abr., 2017.

CARVALHO, Daniela Tiffany Prado. **Nas entre-falhas da linha-vida**: experiências de gênero, opressões e liberdade em uma prisão feminina. 2014. Dissertação (Mestrado em Filosofia e Ciências Humanas) – Universidade Federal de Minas Gerais, Belo Horizonte, 2014.

CHIES, Luiz Antônio Bogo; BARROS, Ana Luisa Xavier; LOPES, Carmen Lúcia Alves da Silva; OLIVEIRA, Sinara Franke de. **A prisionalização do Agente Penitenciário:** um estudo sobre encarcerados sem pena. Pelotas: Educat, 2001.

CLEMMER, Donald. **Prison Community**. 2. ed. Nova Iorque: Holt, Rinehart and Winston, 1958.

COLARES, Leni Beatriz Correia; CHIES, Luiz Antônio Bogo. Mulheres nas so(m)bras: invisibilidade, reciclagem e dominação viril em presídios masculinamente mistos. **Revista Estudos Feministas,** Florianópolis, v. 18, n. 2, p. 407-423, maio/ago., 2010.

COMFORT, Megan. **Doing time together**: Love and family in the shadow of the prison. Chicago: The University of Chicago Press, 2008.

COMFORT, Megan. In the tube at San Quentin: The 'secondary prisonization' of women visiting inmates. **Journal of Contemporary Ethnography**, v. 32, n. 1, p. 77-107, 2003.

CUNHA, Manuela Ivone. **Entre o bairro e a prisão**: Tráfico e trajectos. Lisboa: Fim de Século, 2002.

CUNHA, Manuela Ivone. **Malhas que a reclusão tece**. Questões de identidade numa prisão feminina. Lisboa: Cadernos do Centro de Estudos Judiciários, 1994.

CUNHA, Manuela Ivone. On stage and off: the shifting relevance of gender in women's prison. *In*: GOMES, Sílvia; DUARTE, Vera (ed.). **Female crime and delinquency in Portugal**: in and out of the criminal justice system. Londres: Palgrave Macmillan, p. 57-74, 2018.

DAMATTA, Roberto. A família como valor: considerações não-familiares sobre a família à brasileira. *In*: ALMEIDA, Ângela Mendes de. **Pensando a família no Brasil**. Rio de Janeiro: Espaço e Tempo/Editora da UFRJ, 1987, p. 115-136.

DORES, Antônio Pedro. Presos são eles; presos estamos nós. Dossiê Extensão universitária e sistema penal-penitenciário: aportes teóricos e experiências de luta, projetos e ações. **Revista Eletrônica da Faculdade de Direito da Universidade Federal de Pelotas (UFPel)**, Pelotas, v. 4, n. 1, p. 13-46, jan./dez., 2018. Disponível em: https://repositorio.iscte-iul.pt/handle/10071/17478. Acesso em: 12 jul. 2019.

ESPINOZA, Olga. **A mulher encarcerada em face do poder punitivo**. São Paulo: IBCCrim, 2004.

FIGUEIREDO, Ana Cristina Costa; GRANJA, Rafaela Patrícia Gonçalves. Laços Familiares e Afetivo-Sexuais de Mulheres nas Prisões Brasileiras e Portuguesas. **Revista Subjetividades**, v. 20, n. 3, p. 1-12. http://doi.org/10.5020/23590777.rs.v20i3.e10358

FIGUEIREDO, Ana Cristina Costa. **Amores encarcerados:** relacionamentos afetivo-sexuais de mulheres em presídios mistos. 2019. Tese (Doutorado em Psicologia) – Pontifícia Universidade Católica de Minas Grais, Belo Horizonte, 2019.

FIGUEIREDO, Ana Cristina Costa. **Amor entre as grades**: relacionamentos afetivo-sexuais de mulheres em presídios mistos. Curitiba: Appris, 2020.

FINKELHOR, David; ORMHOD, Richard K.; TURNER Heather A.; HAMBY, Sherry L. Measuring poly-victimization using the Juvenile Victimization Questionnaire. **Child Abuse & Neglect**, v. 29, p. 1297-1312, 2005.

FOUCAULT, Michel. **Vigiar e punir:** nascimento da prisão. 23. ed. Petrópolis: Editora Vozes, 1987.

FONSECA, Cláudia. **Família, fofoca e honra:** etnografia de relações de gênero e violência em grupos populares. Porto Alegre: Ed. Universidade/UFRS, 2000.

FRANÇA, Maria Helena de Oliveira. Criminalidade e prisão feminina: uma análise da questão de gênero. **Revista Ártemis**, v. 18, n. 1, p. 212-227, 2014. DOI: 10.15668/1807-8214/artemis.v18n1p212-227

FRANCO, Maria Helena Pereira. Uma Mudança no Paradigma sobre o Enfoque da Morte e Luto na Contemporaneidade. *In*: FRANCO, Maria Helena Pereira (org.). **Estudos Avançados sobre o luto**. Campinas: Editora Livro Pleno, 2002.

GIDDENS, Anthony. **A transformação da intimidade**: Sexualidade, amor e erotismo nas sociedades modernas. São Paulo: Editora da Unesp, 1993.

GOFFMAN, Erving. **Estigma**: notas sobre a manipulação da identidade deteriorada. Rio de Janeiro: Editora Guanabara, 1988.

GOMES, Nadirlene Pereira; DINIZ, Normélia Maria Freire; CAMARGO, Climene Laura de; SILVA, Marieve Pereira da. Homens e mulheres em vivência de violência conjugal: características socioeconômicas. **Revista Gaúcha de Enfermagem**, Porto Alegre, v. 33, n. 2, p. 109-116, jun., 2012.

GRANJA, Rafaela Patrícia Gonçalves. **Para cá e para lá dos muros**: Relações familiares na interface entre o interior e o exterior da prisão. 2015. Tese (Doutorado em Sociologia) – Instituto de Ciências Sociais, Universidade do Minho, Braga, 2015.

HAZAN, Cindy; SHAVER, Phillip R. Romantic love conceptualized as an attachment process. **Journal of Personality and Social Psychology**, v. 52, p. 511-524, 1987.

HAZAN, Cindy; ZEIFMAN, Debra. Sex and the Psychological Tether. *In*: BARTHOLOMEW, Kim; PERLMAN, Daniel (ed.). **Attachment Processes in Adulthood**. v. 5. Bristol: Jessica Kingsley Publishers, 1994, p. 151-178.

HOPE, Tim; BRYAN, Jane; TRICKETT, Alan; OSBORN, Denise R. The Phenomena of Multiple Victimization. **The British Journal of Criminology**, v. 41, p. 595-617, 2001.

LEMGRUBER, Julita. **A dona das chaves**: uma mulher no comando das prisões do Rio de Janeiro. Rio de Janeiro: Record, 2010.

LIRA, Patrícia Oliveira; CARVALHO, Glória Maria Monteiro. A lógica do discurso penitenciário e sua repercussão na constituição do sujeito. **Psicologia: Ciência e Profissão**, Brasília, v. 22, n. 3, sept., 2002.

MATOS, Marlene; CONDE, Rita; PEIXOTO, Judite. Vitimação múltipla feminina ao longo da vida: uma revisão sistemática da literatura. **Psicologia & Sociedade**, v. 25, n. 3, p. 602-611, 2013. Disponível em: https://www.scielo.br/pdf/psoc/v25n3/14.pdf. Acesso em 01 nov. 2020.

MAYORGA, Cláudia; COURA, Alba; MIRALLES, Nerea e CUNHA, Vivane Martins. As críticas ao gênero e a pluralização do feminismo: colonialismo, racismo e política heterossexual. **Revista Estudos Feministas**, Florianópolis, v. 21, n. 2, p. 463-484, maio-ago., 2013. Disponível em: http://www.scielo.br/scielo.php?pid=S0104-026X2013000200003&script=sci_arttext. Acesso em: 26 set. 2017.

MINAS GERAIS. Secretaria de Estado de Defesa Social - Subsecretaria de Administração Prisional. **Regulamentos e Normas de Procedimento do Sistema Prisional de Minas Gerais (ReNP)**. Belo Horizonte, 2016. Disponível em: http://www.seap.mg.gov.br/images/Publicacoes/Subsecretariadeadministracaoprisional/Regulamento-e-Normas-de-Procedimentos-do-Sistema-Prisional-de-Minas-Gerais-28.pdf. Acesso em: 15 jun. 2019.

MIYAMOTO, Yumi; KROHLING, Aloísio. Sistema prisional brasileiro sob a perspectiva de gênero: invisibilidade e desigualdade social da mulher encarcerada. **Direito, Estado e Sociedade**, n. 40, p. 223-241, jan./jun. 2012. Disponível em: http://direitoestadosociedade.jur.puc-rio.br/media/9artigo40.pdf. Acesso em: 03 nov. 2020.

PARKES, Colin Murray. Psycho-social transition: a field of study. **Social Science and Medicine**, v. 5, p. 101-15, 1971.

PARKES, Colin Murray. What becomes of redundant world models? A contribution to the study of adaptation to change. **British Journal of Medical Psychology**, v. 48, p. 131-137, 1975.

PAZ, Sabrina Rosa. **A caravana do amor**: Um estudo sobre reciprocidades, afetos e sexualidade em um estabelecimento prisional que comporta homens e mulheres em seu interior. 2009. Dissertação (Mestrado em Ciências Sociais) – Universidade Federal de Pelotas, Pelotas, 2009.

PIMENTEL, Elaine. As marcas do patriarcado nas prisões femininas brasileiras. **Revista da Faculdade de Direito da Universidade Federal de Pelotas (UFPel)**, Pelotas, v. 2, p. 169-178, 2016. Disponível em: https://periodicos.ufpel.edu.br/ojs2/index.php/revistadireito/article/view/11434. Acesso em: 1 out. 2018.

PIRES, Thula. Cartas do cárcere: testemunhos políticos dos limites do Estado Democrático de Direito. *In*: PIRES, Thula; FREITAS, Felipe (org.). **Vozes do cárcere**: ecos da resistência política. Rio de Janeiro: Kitabu, 2018, p. 166-212.

RAUTER, Cristina. Clínica e estratégias de resistência: perspectivas para o trabalho do psicólogo em prisões. **Psicologia e sociedade**, Porto Alegre, v. 19, n. 2, p. 42-47, ago., 2007.

SMIGAY, Karin Ellen Von. **Relações violentas no espaço da intimidade**: drama privado ou tragédia pública? 2000. Tese (Doutorado em Psicologia Social) – Pontifícia Universidade Católica de São Paulo, São Paulo, 2000.

SILVA, Fabio Lobosco. **Sobre um novo conceito de prisionização**: o fenômeno da assimilação prisional de acordo com a realidade prisional brasileira. 2017. Tese (Doutorado em Direito Político e Econômico) – Universidade Presbiteriana Mackenzie, 2017.

SOARES, Bárbara Musumeci. Retrato das mulheres presas no Estado do Rio de Janeiro, 1999-2000. CESeC – Centro de Estudos de Segurança e Cidadania. **Boletim Segurança e Cidadania**, Rio de Janeiro, n. 1, julho de 2002.

TAVARES, Gilead Marchezi; MENANDRO, Paulo Rogério Meira. Atestado de exclusão com firma reconhecida: o sofrimento do presidiário brasileiro. **Psicol. cienc. prof.**, v. 24, n. 2, p. 86-99, 2004. Disponível em: http://www.scielo.br/scielo.php?script=sci_arttext&pid=S1414-98932004000200010&lng=es&nrm=iso. Acesso em: 03 nov. 2020. http://dx.doi.org/10.1590/S1414-98932004000200010

TOURAUT, Caroline. **La famille à l'épreuve de la prison**. Paris: Presses Universitaires de France, 2012.

WACQUANT, Loïc. The curious eclipse of prison ethnography in the age of mass incarceration. **Ethnography**, v. 3, n. 4, p. 371-397, 2002.

WALSH, Froma. **Fortalecendo a Resiliência Familiar.** São Paulo: Roca, 2005.